KB024697

문화재청 사람들의

문화유산 이야기

문화재청 사람들의
문화유산 이야기

지은이   강신태 외 22명

초판 1쇄 인쇄일 2007년 12월 17일
초판 1쇄 발행일 2007년 12월 20일

펴낸이   김효형
펴낸곳   (주)눌와
등록번호   1999. 7. 26. 제10-1795호
주소   서울시 마포구 연남동 567-40 2층
전화   02-3143-4633
팩스   02-3143-4631
e-mail   nulwa@chol.com

편집   강승훈, 최은실
디자인   한지혜
필름출력   한국커뮤니케이션
종이   한서지업사
인쇄   미르인쇄
제본   상지사

ⓒ 문화재청, 2007

ISBN 978-89-90620-30-9   03900

• 책값은 뒤표지에 표시되어 있습니다.
• 이 책 내용의 전부 또는 일부를 재사용하려면 반드시 저작권자와 눌와 양측의 동의를 받아야 합니다.

문화재청 사람들의

문화
유산
이야기

강신태 외 22명 지음

눌와

문화유산이라는
직업의식으로 글을 빚다

먼저 이 책이 꾸려진 사연부터 말씀드리지 않을 수 없습니다. 《나의 문화유산 답사기》로 유명한 분이 2004년 9월 문화재청장으로 부임하여 답사로는 알 수 없었던 문화유산들을 만나게 됩니다. 그리고 1년 3개월이 지난 2006년 1월, 문화재청 사람들에게 살아 있는 문화유산 이야기를 쓰자고 이야기합니다.

사연 없는 무덤이 없다고, 문화유산과 오랜 세월을 함께한 사람들에게도 할 말은 무던히 많아, 그 가운데 몇몇 글을 모으니 이렇게 책이 되었습니다. 무슨 할 말이 있냐며 저마다 손사래를 치더니만 이야기가 많기도 하네요.

이 글들은 생각하고 또 생각한 결실입니다. 문화재청 사람들은 술집의 간판을 보거나 비둘기를 보거나 드라마나 영화를 보면서도, 어쩔 수 없는 직업의식으로 생각하고야 맙니다. 남들에게는 보이지 않는 것들이 직업의식에서 나온 생각의 힘으로 하나의 의미가 되고 한 편의 글이 되었습니다. 저희는 이 글 한 편 한 편을 '꽃'이라 부르고 싶습니다. 하나하나 크기도 색깔도 모양도 다르지만 이 꽃들의 이름은 전부 '문화유산'입니다.

정교하고 우아한 미술품, 선조의 숨결이 배어 있는 고택, 숲이 우거진

긴 진입로를 가진 사찰, 쓸쓸히 혼자 서 있는 석탑, 멋진 건축물…… 이들과 함께하는 시간과 일이 너무나 기쁘고 반가운 한편 혹시 너무 이론적인 건 아닌지 반대로 너무 감상적인 건 아닌지 한 번 더 생각합니다.

문화유산은 미술사학이기도 하고 건축학이나 토목학이기도 합니다. 고고학이나 민속학이라고도 할 수 있습니다. 여기 글들에서 보듯이 생물학이기도 하고, 화학, 지리학이기도 합니다. 물론 역사학이기도 행정학이기도 하며, 때로는 재테크이기조차 합니다. 어쩌면 내 것만 주장하는 국수주의로 보이기도 합니다.

그렇더라도 오랜 친구를 대하듯 그렇게 지켜보고자 합니다. 매일 만나다 보면 그 친구의 깊은 속이 보이게 되는 것처럼, 얼핏 과거의 것처럼 보이는 문화유산에는 우리의 생활을 들여다보고 또 미래의 생활을 만들어가는 힘이 있습니다.

《문화재청 사람들의 문화유산 이야기》는 2007년 7월까지 쓰여진 500여 편의 이야기 가운데 26편을 싣고 있습니다. 하지만 지금도 계속되는 이 이야기가 언제 그칠지는 아직 모릅니다. 문화유산 이야기만이 아니라 새와 나무에 대한 자연유산 이야기, 춤과 노래에 대한 무형유산 이야기도 차례를 기다리고 있습니다. 아마도 이 책의 또 다른 이름은, 또 계속 이어질 문화재청 사람들의 이야기는 '유홍준도 몰랐던 문화유산 이야기' 정도가 되지 않을까요?

지은이 및 편집위원 일동

* 이 책에 실린 글 상당수는 문화재청 홈페이지(www.cha.go.kr) '문화유산 e야기'에 실린 바 있으며, 글의 내용은 지은이의 자유로운 생각임을 밝혀둡니다.

문화유산이라는 직업의식으로 글을 빚다   4

1

질문하다

그리고

발전하다

고궁 비둘기 유감

김갑룡

성북동 산에 번지가 새로 생기면서
본래 살던 성북동 비둘기만이 번지가 없어졌다.
새벽부터 돌 깨는 산울림에 떨다가
가슴에 금이 갔다.
그래도 성북동 비둘기는
하느님의 광장 같은 새파란 아침 하늘에
성북동 주민에게 축복의 메시지나 전하듯
성북동 하늘을 한 바퀴 휘돈다.
…(중략)…

– 김광섭, 〈성북동 비둘기〉 중에서

　도시화와 산업화라는 현대 물질문명에 쫓겨 가면서도 인간에게 축복의 메시지를 전해주는 비둘기. 이때만 하여도 우리는 비둘기가 사랑과 평화의 상징이라는 사실을 의심하지 못했습니다. 집 잃은 비둘기에 안쓰럽고 애처로운 마음을 보태며, 이 시를 읽었던 것 같군요.

　그런데, 이 비둘기가 우리의 소중한 문화유산에 커다란 피해를 입히고 있다는 사실을 아시는지요? 아시다시피, 서울의 고궁은 우리나라를 대표하는 문화유산으로, 가장 많은 관광객과 시민들이 찾아와 관람하고 쉬는 곳입니다. 때문에 문화재청에서는 적지 않은 인원과 예산을 투입하여 고궁을 관리하고 있습니다. 고궁을 관리하다 보면 여러 가지 어려움이 많지만 특히 비둘기 배설물에 의한 고건축물의 피해는 그 정도가 적지 않은 실정입니다. 다른 것은 차치하고 서울의 고궁 전각들이

고궁에서 비둘기와 한때를 즐기는 사람들

비둘기 배설물에 의해 무차별 공격을 당하고 있는 현장을 보여드리겠습니다.

배설물 오염 방지 위해 '부시' 설치

비둘기가 고궁 전각 여기저기에 남겨놓는 배설물은 미관상 몹시 흉하여 관람객들에게 불쾌감을 줍니다. 또한 나무 부재를 부식시키기도 하고, 단청에는 특히 치명적입니다. 비둘기 배설물은 시간이 조금만 지나면 응고되어 건물에 달라붙는데 물걸레로 닦아내거나 칼 같은 도구로 떼어내야 합니다. 이렇게 되면 배설물이 있었던 부분의 단청은 훼손되어 제 모습을 잃어버립니다.

문화재청에서는 비둘기 배설물로 인한 고궁 주요 전각의 피해를 예방하기 위해 적지 않은 예산을 들여 부시罘罳(새들이 앉지 못하도록 전각의 처마 밑을 싸서 치는 철망)와 삼지창, 오지창 등을 설치하고 있습니다.

2006년 1월 현재 경복궁에 근정전을 비롯한 주요 전각 등 34곳, 창덕궁 8곳, 창경궁 9곳, 덕수궁 2곳, 종묘 2곳 등 총 55개소에 부시가 설치되어 있습니다. 큰 전각 한 곳에 부시를 설치하려면 2~3천만 원 정도의 비용이 소요되니, 만만치 않은 예산이 든다는 것을 알 수 있겠지요? 그렇지만 부시가 모든 것을 해결해주지는 않습니다. 부시는 전각의 단청을 온전히 감상하는 데 방해가 되며, 부시가 설치되지 않은 다른 전각에 피해를 줍니다. 한쪽을 누르면 다른 한쪽이 부풀어 오르는 풍선 효과이지요.

비둘기 배설물로 훼손되는 단청

그래도 지금까지는 부시가 비둘기로부터 전각을 가장 안전하게 보호하는 장치인 것 같습니다. 삼지창이나 오지창은 비둘기들이 금방 적응하여 요리조리 쉽게 피해 다니기 때문에 그 효과에 한계가 있습니다. 따라서 아직 부시가 설치되어 있지 않은 고궁의 주요 전각에는 부시를 설치해야 하며, 앞으로 복원되는 전각은 아예 공사 내역에 부시를 설치하는 항목을 넣어서, 나중에 별도로 부시를 설치할 때 드는 비용을 절약해야겠습니다.

잘 아시다시피 비둘기는 다른 새들과 달리 사람을 두려워하지 않습니다. 그들의 둥지가 곧 인간의 삶터이므로 부단히 접촉하면서 적응이 되었지요. 그 중에서도 고궁은 특히 비둘기가 서식하기 좋은 조건을 두루 갖추고 있습니다.

수많은 관람객들이 던져주는 과자 부스러기는 손쉬운 먹잇감이며, 아름다운 연못은 목을 축이기에 부족함이 없고, 또한 여러 전각들은 더없이 좋은 보금자리가 되어주기 때문입니다. 이 가운데 가장 큰 이유는 역시 먹잇감 때문입니다.

　　관람객들은 오랜만의 고궁 나들이에 기분이 좋아져서 비둘기만 보면 손에 들고 있는 군것질거리들을 무심코 비둘기에게 던집니다. 그러고는 비둘기가 먹이를 먹는 모습을 흐뭇하게 느긋한 표정으로 바라봅니다. 이 땅의 모든 생명에게 느끼는 인간의 모성 본능일지도 모르겠습니다.

　　그러나 고궁을 관리하는 처지에서는 비둘기들에게 먹이를 주는 행위가 탐탁지 않습니다. 무심코 던져주는 비둘기 먹이 때문에 비둘기가 몰려들고 그 배설물이 우리의 귀중한 문화유산을 훼손하게 된다면 다시 생각해볼 필요가 있지 않을까요?

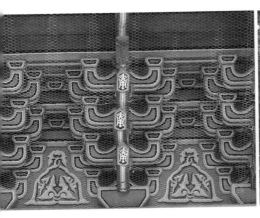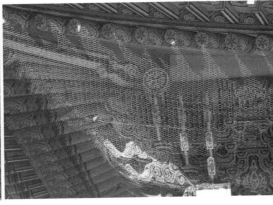

경복궁 근정전(왼쪽), 덕수궁 중화문(오른쪽)에 설치된 부시

경복궁 전각에 설치된 오지창

비둘기를 완벽한 이웃으로 만나는 법

수년 전 제가 창경궁 관리소장으로 근무할 때입니다. 비둘기 배설물로 인한 피해를 방지하기 위해 꽤나 고심하였던 때이지요. 비둘기 배설물이 전각에 막대한 피해를 입히는 것을 보면서 비둘기가 먹이를 찾아 고궁 아닌 다른 곳으로 가도록 관람객들이 제발 먹이를 주지 말았으면 하는 바람을 숱하게 하였습니다.

간혹 특정 장소와 시간에 정기적으로 비둘기에게 먹이를 주며 비둘기와 친숙하게 지내는 '비둘기 아저씨'들이 보도됩니다. 제가 근무했던 창경궁에도 비가 오나 눈이 오나 창경궁이 문을 여는 날엔 하루도 빠지지 않고 와서 비둘기에게 먹이를 주는 분이 계셨습니다.

연세가 일흔 가까이 되셨는데, 그분이 오기만 하면 비둘기들이 금방 모여들었습니다. 피해가 특히 눈에 많이 띌 때면 비둘기 배설물에 의한 피해를 자세히 말씀드리고, 비둘기에게 먹이 주는 일을 자제토록 간곡히 부탁드려보지만, 직원이 자리를 뜨면 다시 먹이를 주곤 하셨습니다.

제가 창경궁을 떠나온 지 3년이 되어갑니다만, 확인해보니 여전히 그분은 비둘기에게 먹이를 주고 계시다고 합니다. 속상한 생각에, 그분이 전생에 비둘기였거나 아니면 비둘기에게 빚을 많이 져서 그런가 하는 엉뚱한 생각까지 해봅니다.

'비둘기 아저씨, 벌써 5년 넘게 비둘기들에게 공양하셨으니, 이제는 우리의 소중한 문화유산도 돌봐주셔야 하지 않을까요?'

혹시 고궁과 비둘기가 사이좋게 공존할 수 있는 묘안 있으신 분, 언제라도 꼭 연락주시기 바랍니다.

'왕'처럼
 살고 싶은가, 우리들 /강임산

인터넷 검색 사이트를 통해 '경복궁'이란 세 글자를 검색하면 전국 181개의 '경복궁'이 무더기로 검색됩니다. 경복궁은 서울시 종로구 세종로에만 있는 게 아니더군요. 하지만 그 많은 '경복궁' 가운데 진짜 경복궁은 단 하나, 나머지 대부분은 먹고 마시는 음식점과 술집이었습니다. 특히 '경복궁'이란 상호를 내건 업소는 단란주점, 룸싸롱, 요정 등 이른바 '유흥업소'가 꽤 많았습니다.

내친 김에 '고궁'이란 검색어를 입력해보았습니다. 2006년 3월 현재 전국 도처에는 250개의 고궁이 산재하고 있었습니다. 이들 역시 대부분 '고궁'이란 상호를 가진 음식점, 단란주점, 룸싸롱, 요정들입니다.

그럼 '궁전'은 어떨까요? 역시, 무려 2066개의 '궁전'이 음식점, 단란주점, 룸싸롱, 가라오케, 러브호텔 등의 다양한 업태로 전국에 '난립'하고 있었습니다.

'덕수궁' '왕궁' '비원'으로 검색해봐도 결과는 마찬가지입니다. 심지어 유흥가가 밀집한 인천시 남동구 간석오거리 일대엔 '경복궁 미인클럽'과 '덕수궁 미인클럽'이 나란히 한 건물의 아래위층에 실재하였습니다.

정말이지 놀라운 사실 아닙니까? 이 같은 양상에 대해 곰곰이 생각해봅니다. 유흥업소들이 '고궁' '궁전' '왕궁' 등의 이름을 빌리는 이유는 무엇일까요? 이른바 '로열 마케팅'의 컨셉입니다.

궁의 이름을 딴 여러 업소들

엇나간 로열 마케팅

로열 마케팅이란 왕실과 관련되어 있거나, 왕실이 사용하던 최고급 제품이라는 이미지를 소비자에게 심어줌으로써, 일반적인 그것과 다른 특별함을 추구하는 차별화된 마케팅 전략입니다. '럭셔리한 최고급 품질과 서비스'라는 제품의 이미지가 소비자의 구매력을 극대화시키는 것이죠. 이미 이와 같은 마케팅 전략은 웰빙, 명품 열풍에 편승해 하나의 트렌드로 꾸준히 각광받아왔습니다. 특히 요즈음 영화 〈왕의 남자〉나 MBC 드라마 〈궁〉 같은 궁중 사극이 인기를 끌면서 로열 마케팅이 급부상하고 있는 듯합니다.

오랜 옛날에도 로열 마케팅 사례는 있었습니다. 이른바 '궁중 진상품'이 그렇습니다. 당대 최고로 인정받은 특별한 물건들이 조선시대 전국 팔도에서 임금님에게 진상되었던 것이지요. 이것들이야말로 로열 마케팅의 원조라 할 수 있지 않을까요? 이들은 장인 또는 명인의 손을 거쳤거나, 힘들고 어렵게 구한 귀한 것들인 만큼 시대를 초월하는 품질

드라마 〈궁〉의 소재가 된 만화 〈궁〉

과 명성으로 오늘날까지 명맥을 이어오고 있습니다.

'○○○표 고추장'·'○○쌀' 등의 대중화된 생활필수품에서부터 궁중 비법으로 만들어졌다는 고급 화장품류나 궁중 전통 문양을 넣은 가구류, 패션 아이템과 생활 소품에 이르기까지 오늘날의 로열 마케팅 트렌드는 그 종류도 실로 다양합니다. 고급 아파트의 브랜드도 그렇습니다. '경희궁의 아침'·'퀸덤'·'용비어천가' 등 그 이름만으로도 고급스러움을 소비하는 느낌을 갖게 합니다. 우리나라의 '로열 이미지'뿐만 아니라 외국의 '로열 이미지'도 날개 돋친 듯 팔려나갑니다. 외국 왕실에서 품질을 인정받은 제품이라는 광고나, 유럽풍 왕실 문양과 왕관을 본딴 제품들이 그렇습니다.

이러한 현상은 '특별한 존재'로 대우받고 싶어 하는 소비 심리를 자

로열 마케팅으로 고급스러움을 강조한 건물

극한 결과가 아닌가 합니다. 고급스런 우리의 옛 것을 새롭게 돌아보고 실생활에 창조적으로 응용한다는 점은 분명 의미 있는 일입니다.

하지만 여기에 우리가 짚고 넘어가야 할 대목이 있습니다. 우선 '먹고 마시고 즐기는' 이른바 유흥, 향락 산업 분야 등에 로열 마케팅이 편중되어 활용됨으로써 고급스런 왕실(문화재)의 이미지를 실추시킨다는 것입니다. 나아가 지나간 역사에 대한 왜곡된 인식으로까지 이어질 수 있다는 점에서 우려하지 않을 수 없습니다.

한 가지 더 짚고 넘어가지요. 사람은 누구나 특별한 존재입니다. '왕처럼 살고 싶다'는 심리적 욕망은 누구에게나 있는 것입니다. 하지만, 우리가 생각하는 '왕처럼 산다'는 것은 실제 왕의 삶과는 상당한 거리가 있습니다.

조선의 경우 '왕이 곧 국가'였던 사회 특성상 왕실을 상징하는 위엄과 장엄함은 대단하였습니다. 그러나 왕 또는 왕실의 삶 자체는 끊임없는 자기 절제와 검박함을 미덕으로 삼는 성리학적 통치 이념을 따라야 했습니다.

왕의 일상을 들여다보면, 하루하루 고된 국정 업무로 인해 왕조차 밤늦도록 격무에 시달렸음을 알 수 있습니다. 왕이 처리하는 일이 만 가지나 될 정도로 많았기 때문에 왕의 업무를 '만기萬機'라 하였다지요. 실제 해가 뜨기 전인 오전 5시에 일어나 오후 11시 취침할 때까지 왕의 하루는 퍽이나 고달팠을 듯합니다. 조선 왕조 27대 왕들 가운데 우리가 생각하는 '왕처럼' 살다 간 사람이 있다면 아마도 '연산군' 한 명뿐일 것입니다.

왕이 살았던 궁궐은 왕과 왕실의 생활공간이자, 국정 운영의 최종 결정이 이루어지는 최고의 관부官府입니다. 궁궐은 또한 국권을 상징하기도 합니다. 그런 이유로 일제 강점기에 가장 먼저, 가장 많은 수난을 받은 곳이 궁궐이었지요. 따지고 보면 일제가 갖은 핑계를 대며 창경궁을 '창경원'이란 이름의 '짐승우리'로 전락시킨 것도 국권을 무참히 짓밟은 대표적인 사례였습니다.

그렇다면, 우리의 소중한 왕실 문화유산이 문화재의 본뜻과 무관하거나 그 명예를 크게 훼손하는 유흥업소 이름으로 무분별하게 사용하는 행위에 대한 법적 대처 방법은 없을까요?

이에 대한 규제 내용은 현행 상표법에서 다루고 있습니다. '현저한 지리적 명칭 및 그 약어 또는 지도만으로 된 상표'에 대해서는 상표법(제6조 제1항 제4호)에 따라 등록 요건 심사 시 거절할 수 있도록 근거를 마련해놓았습니다.

이에 근거한 흥미로운 대법원 판례도 있습니다. "역사적 문화재의 경우에는 그 문화재가 저명한 결과 그 명칭이 단순히 문화재의 호칭으로써뿐만 아니라 그 문화재가 소재하는 지역을 이르는 지리적인 명칭으로서도 현저하게 되었다면 …" 상표법에 저촉될 수도 있지만, "… 이와 같은 정도에 이르렀다고 보기 어려운 경우에는 단순히 저명한 문화재의 명칭이라도 현저한 지리적 명칭으로 볼 수 없는 것으로 한다"고 동시에 밝혀두고 있어, 경우에 따라 문화재 명칭이 상호로 쓰일 수도 있음을 보여주고 있습니다.

이를테면 '숭례문(남대문)' '불국사' '현충사' '경포대'와 같은 문화재

로열 마케팅으로 상품화된 기념품들

명칭은 그 자체가 지리적 위치 혹은 지역성을 대표하는 '현저한 지리적 명칭'에 해당하기 때문에 상표로 등록할 수 없지만, '석빙고' '훈민정음' '에밀레(성덕대왕신종)' '청자' '백자' 등은 지리적 위치 혹은 지역성을 대표한다고 보기 어렵기 때문에 상표법상 상표 등록이 얼마든지 가능하다고 합니다.

하지만 이 역시 상표법의 적용은 어디까지나 상표 등록을 전제로 할 때의 이야기입니다. 대부분 법망을 피해 정식 상표 등록 없이 마구잡이식으로 상호를 지어 쓰기 때문에 문제가 되는 것이죠. 이처럼 '지리적 명칭'에만 국한하여 상표 등록을 심사하기 때문에 이와 관련 없는 문화재의 경우, 얼마든지 상표 등록을 통해 본뜻과 무관하게 독점적으로 쓰일 수 있어 문제가 됩니다. 말하자면, 현행법상 문화재는 그 명칭의 활용 사례와 경우에 따라 얼마든지 '망가질 수도 있다'는 것이지요.

전통은 원형 그대로 보존하고 이어가는 것도 중요하지만, 창조적 활용을 통해 계승 발전시키는 것도 그에 못지않게 의미 있는 과제입니다. 문화란 결국 시간상 단절되어서는 존재하지 않고, 매순간 끊임없이 재생산되며, 이 과정에서 확대 발전되기 때문이죠. 그런 가운데 시대를 뛰어넘는 느낌과 감동을 주는 것들이 후대에 물려지고 남아서 비로소 문화재가 됩니다.

그런 의미에서 볼 때 사라지고 잊혀져가는 우리의 옛 것, 특히 우리 문화의 독창성과 우수성을 대표적으로 보여주는 궁중 명품들을 생활 속에서 되살려내 대중문화의 한 유형으로 자리 잡을 수 있도록 장려할 수 있을 것입니다. 하지만 지금 우리 곁에 퇴폐 유흥업소의 대명사로 전락하여 붉게 번쩍이는 네온사인을 밝힌 채 취객을 맞이하는 수 많은 '궁궐'들의 모습은 우리를 슬프게 합니다. 이는 왜곡된 로열 마케팅의 단면이자, 일그러진 대중문화의 일면을 적나라하게 보여주고 있기 때문입니다.

감동을 이어가는 시민 의식

선조들은 우리에게 위엄 있는 궁궐을 물려주었습니다. 그런데 우리는 후손들에게 룸싸롱 혹은 러브호텔을 궁궐로 물려주게 되는 것은 아닐까요? 기우에 지나지 않길 진심으로 바라면서, 이제라도 우리가 후손들에게 물려줄 우리 시대의 문화, 문화재가 무엇인지 진지하게 고민해 봅니다. 소중한 문화유산의 가치와 의미를 올바로 지켜내는 일은 법을 통한 규제 이전에 '성숙된 시민의식과 문화'가 우선하는 문제이기 때문입니다.

문화재로
등록되면 애물단지? ^{이유범}

엊그제 사무실로 전화 한 통이 걸려왔다. 경남 함양에서 걸려온 이 전화는 우리를 흥분케 했다. 내용인즉 '문화재인 전통 한옥을 구입할 수 없느냐'는 것이었다.

누구라도 여건만 허락되면 낡고 비좁은 한옥을 부수고 그 땅에 번듯하게 고급 빌라나 아파트를 짓고 싶어 하는 마당에 한옥을, 그것도 사유재산권 행사가 쉽지 않을 것처럼 보이는 '문화재 한옥'에 목돈을 들이겠다는 말은 근대문화유산의 훼손과 멸실을 현장에서 몸으로 막는 우리 부서원들에게 무척이나 고무적인 이야기였다.

나무와 흙과 돌과 종이와 볏짚 등을 이용해 짓는 한옥은, 집 자체가 자연에 가까운 생명력을 가지고 있다. 그래서 그런 것인지 한옥은 살아 움직이는 사람의 손때가 묻어야 온전히 유지된다. 이런 한옥의 특성을 감안하여 기획예산처에서는 2007년부터 문화재 지정 한옥 소유자에게 매월 경상관리비 30만 원을 지원키로 하였다. 지금까지 '사후 보수'가 정책의 기조였다면 '사전 예방'으로 선회하였다고 할까. 사전 예방으로 선제 투자를 함으로써 국가 예산도 절감하고자 한 것이다. 이 시책이 그 한 통의 전화를 오게 한 것은 아니었을까?

최근 근대문화유산에 대한 관심이 부쩍 늘었다. 문화재에 대한 인식의 변화가 민과 관 모두에서 일어나고 있다. 그럼에도 아직까지는 지난 60~70년대를 풍미했던 개발 주도의 기세가 더 세다. 불과 20~30년 전만 해도 흔히 보이던 기와집과 어릴 적 뛰어놀던 정겨운 골목길은 이제 찾아보기 힘들다. 도시는 온통 아파트로 뒤덮였으며, 해마다 높이를 높여가며 하늘조차 가리고 있다. 그야말로 '아파트 공화국'이다.

상상 못한 지원이 쏟아진다

아파트로 대변되는 현대화와 도시화의 급격한 물살 속에 모든 것이 휩쓸려가 버리는 듯하지만, 우리 주변을 가만 돌아보면, 과거의 모습으로 우리의 시선을 끄는 특별한 건물들이 있다.

제주도 송당리의 '이승만 별장', 최초의 자장면 집인 인천 '공화춘'이나 울산 바닷가 부근의 작은 간이역인 '남창역', 강진의 한적한 시골마을인 병영면에 잘 보존되어 있는 '병영 돌담길' 들이 그 예이다. 이들은 문화재청이 2001년 7월 근대문화유산에 대한 등록문화재 제도를 시행한 이후 근대문화유산으로 지정된 300여 점 가운데 일부이다. 근대문화유산이라 함은 19세기 말 개항기부터 시작하여 1950년대 6·25전쟁 전후 시기까지 형성된 유적 가운데 역사적 유래와 그 보존 가치가 현저한 문화유산을 일컫는다.

이들 근대문화유산은 문화재로서뿐만 아니라 사회경제적인 측면에서도 활용 가치가 매우 높다. 그럼에도 국민들로부터 애물단지나 장애물과 같은 대우를 받고 있으니 안타깝기 그지없다.

70년 전통을 지닌 스카라극장, 우리나라 최초로 증권 거래가 이루어졌던 명동의 옛 대한증권거래소, 염전의 옛 경관을 간직하고 있었던 시흥시 소래 소금창고 등 문화재 등록 예고 중에 철거된 예가 그것이다.

우스갯소리로 '서울역을 모르면 간첩'이라는 얘기가 있다. 르네상스 궁전 건축 기법에 비잔틴 풍의 돔을 가진 서울역사(사적 제284호)가 지어진 시기는 1922~1925년이다. 당시 서울역은 도쿄 역에 이어 동양의 제

2역으로 불릴 정도로 그 규모와 외관이 화려했다. 또한, 이 역사에서 만남과 헤어짐이 얼마나 숱하였으랴. 그 눈물겨움이라니…… 석굴암이나 불국사, 서울의 고궁들같이 유구한 역사를 지닌 고대·중세의 문화유산과 달리 그다지 먼 시기가 아닌 근대의 문화유산에는 남다른 가치가 있다. 현재의 우리 삶에 뚜렷한 근거이자 무늬를 남기고 있다는 점이다. 어느 홍보 전문가는 서울역사가 100년 동안 매일 TV 광고를 한 것만큼의 브랜드 가치를 지니고 있다고 한다. 이제 우리가 주목해야 할 것은 그것을 어떻게 활용하느냐이다.

일전의 여론 조사에 따르면 대부분의 국민들이 개인 소유의 건물이 문화재로 지정되면 해당 건물은 물론이고 주변 건물까지 건축 고도 제한에 걸릴 뿐만 아니라 집값이 하락하고 생활에 불편을 겪게 된다고 생

강진 병영의 돌담길

대학교 박물관으로 변모한 구 서북학회회관

현재 서울시립미술관으로 사용하는 구 대법원청사

각하는 것으로 드러났다. 문화재로 지정되면 사유재산권이 제약받는다는 인식이다. 근대문화유산에 대한 이러한 비호감적인 인식을 바꾸기 위해 우리는 하나의 언덕을 넘어야 한다.

이는 근대문화유산을 보존하기 위해 만든 등록문화재 제도에 대한 선입견과 오해를 풀면 쉽게 해결될 문제이다. 등록문화재는 지정문화재를 보완하기 위해 마련한 제도이지만, 지정문화재와는 그 뿌리가 다르다. 지정문화재 제도가 국가에서 반드시 보존해야 할 문화재를 지켜나가는 국가 중심형 문화재 보존 제도라고 한다면, 등록문화재는 소유자의 활용 의사를 반영하여 국가와 소유자가 함께 보존해가는 소유자 중심형 문화재 보호 제도이다. 다시 말해 문화재 등록 제도는 사유재산권도 존중하고 근대문화유산도 보존하는 제도라 할 수 있다. 말하자면, 전통이 담긴 '명품'임을 나라가 나서서 보증해주는 셈이다.

이 제도를 활용하면 문화재의 특성을 살리면서 현실적인 용도에 맞게 내·외부를 고치거나 새로운 건축물을 올릴 수 있어 오히려 사유 재산의 가치를 올릴 수 있다. 게다가 문화재를 수리하는 데 드는 비용을 나라에서 지원해주고, 등록문화재가 자리 잡고 있는 대지 안에 새로운 건물을 지을 경우, 건폐율이나 용적률을 최대 150퍼센트까지 허가하므로 다른 건물보다 더 높게 지을 수 있는 특권을 갖게 된다.

그뿐만이 아니다. 재산세의 부담을 절반으로 줄일 수 있고, 상속세를 내지 않아도 된다. 상속세가 수백만 원에서 수십억 원까지 징수 유예가 되어 금전적으로 상당한 혜택을 받게 된다. 로또에 당첨되는 격이다. 이 밖에 양도소득세 감면 등의 다양한 세제 혜택도 주어진다. 이

전국 최초의 한옥 공공청사인 혜화동 사무소

쯤 되면 '애물단지'로만 여겼던 등록문화재 제도를 '보물단지'로 불러
도 괜찮을 듯싶다.

잘 살고 싶으면 문화재에 투자하라

이제는 문화 마케팅 시대다. 21세기에 접어들면서 문화재가 지닌 고풍
스러운 아름다움과 역사성을 비즈니스와 접목해 활용하려는 경향이 세
계적으로 두드러지고 있다. 우리나라만 해도 서울 한복판에 있는 일제
강점기 '경성재판소'로 지어진 건물을 분위기 있는 서울시립미술관으

로 변신시켰는가 하면, 건국대학교에서는 조형미가 뛰어난 '서북학회'(일제 강점기 서북지방에서 설립된 애국 계몽 단체)의 건물을 학교 박물관으로 사용하고 있다. 북촌의 한옥마을 사례는 또 어떠한가.

프랑스의 경우, '오르세Orsay'라는 옛 기차역의 외형을 그대로 살려 세계적인 미술관으로 리모델링했는가 하면, 일본 요코하마에서는 옛날 조선소의 도크를 그대로 살려 문화광장으로 꾸며 큰 인기를 끌고 있다. 한술 더 떠 불과 20년밖에 안 된 건물도 근대문화재로 등록하는 선진국도 있고, 경쟁적으로 근현대 시기의 건축물을 문화 관광 자원으로 개발하고 있다.

이처럼 문화재를 활용한 다양한 시도와 마케팅은, 한편 문화재에 생명을 불어넣는 일이기도 하다. 눈치 빠른 기업인이라면 더 늦기 전에 한옥이라도 한 채 사둘 일이다. 문화재로 사회 공헌도 하고, 문화재로 재테크도 할 수 있는 시대가 왔기 때문이다. 아마도 경남 함양에서 걸려온 그 전화의 주인공은 이 사실을 이미 알고 있는지 모른다. 내일 아침 한 통의 전화를 더 받고 싶다.

존덕정에서
'벤젠'을 보았어

최종덕

얼마 전 나는 화학을 전공한 과학자 한 분을 모시고 창덕궁을 방문한 적이 있었다. 창덕궁 후원의 깊숙한 곳에 있는 존덕정尊德亭에 이르렀을 때 동행한 그 과학자가 존덕정의 특이한 모습을 보고 "벤젠 같아요"라고 말하는 것이 아닌가. 벤젠? 존덕정이 벤젠과 닮았다니! 무슨 말이지? 그러다가 순간 머릿속에 고등학교 화학 시간에 선생님으로부터 들은 벤젠에 얽힌 인상 깊은 이야기가 스쳐 지나갔다. 아물아물한 기억을 더듬으면 이야기는 대충 이렇다.

벤젠의 화학 구조를 연구하던 한 화학자는 당시의 지식으로는 풀리지 않는 벤젠의 화학 구조 때문에 고민하고 있었다. 그러던 중 낮잠을 자게 되었는데, 고양이 여러 마리가 서로 꼬리에 꼬리를 물고 뱅글뱅글 도는 희한한 꿈을 꾸었다. 잠에서 깬 화학자는 꿈속에서 본 고양이 놀이에 영감을 얻어 탄소와 수소가 짝을 이룬 6개의 쌍이 꼬리에 꼬리를 무는 육각형 벤젠 구조를 완성할 수 있었다.

창덕궁 후원에는 스무 개가 넘는 정자들이 모두 저마다의 독특한 모습을 하고 있지만, 그 중에서도 존덕정이 단연 눈길을 끈다. 존덕정은 인조 22년(1644)에 세워졌다. 처음에는 육각형으로 이루어진 정자의 특이한 모습 때문에 '육면정六面亭'이라 불리다가, 나중에 존덕정이란 이름을 갖게 되었다. 존덕정이란 이름의 연유는 기록이 남아 있지 않아 알 수 없지만, 덕德을 존중했던 유교 사회의 당시 분위기를 짐작할 수 있다. '반월지半月池'란 이름을 가진 연못에 두 기둥을 담그고 있는 존덕정은 육각형으로 된 특이한 평면을 가진 데다가, 기와지붕을 이중으로 올리고 각각의 지붕에 기둥을 안과 밖으로 따로 세워 아기자기한 멋을

H
|
C
H—C   C—H
‖ |
C   C
| ‖
H—C   C—H
C
|
H

육각형 벤젠 구조

부렸으며, 바깥 기둥은 기둥 한 개를 세울 자리에 세 개의 가는 기둥을
무리 지어 세워 운치를 더했다.

두 기둥을 연못에 담그고 있는 존덕정은 마치 사람이 발을 씻는 모습
을 떠올리게 한다. 이는 '탁족濯足'이라 하여 조선 선비들이 즐겨 한 피
서 방법이었다. 그런데 여기에는 조금 다른 의미가 내포되어 있다.

옛날 중국에 '창랑滄浪'이라는 강이 있었다. 이 강을 지나는 여행객들
은 강의 물이 맑을 때는 갓끈을 닦지만, 물이 흐릴 때는 발만 씻고 지나
갔다. 이를 유심히 지켜보던 사람이 '창랑의 물이 맑으면 갓끈을 씻고
〔淸斯濯纓〕, 흐리면 발을 씻는다〔濁斯濯足〕'라는 시를 지었다. 이 말을 들은
공자는, 창랑의 물은 자신의 맑고 흐림에 따라 갓끈과 발을 씻는 사람
을 탓할 것이 아니라 자신이 그러한 빌미를 제공한 사실을 알아야 한다
고 했다. 즉, '모든 일은 자신이 하기에 달렸다〔自取之也〕'라는 것이다.

이 가르침은 너무나 유명하여 조선의 선비들이 자주 인용하곤 했다.
따라서 이 공자의 가르침을 아는 사람이라면 연못에 두 다리를 담근 듯

8

존덕정의 가을 풍경

한 존덕정을 보면서 '모든 것은 내 탓이다'라는 공자의 가르침을 다시 한 번 떠올릴 수 있을 것이다.

그런데 나는 존덕정을 찾을 때마다 정조의 강력한 왕권을 느끼곤 한다. 존덕정 안에는 정조가 쓴 '만천명월주인옹자서萬川明月主人翁自序'라는 글이 걸려 있다. '만천명월주인옹'은 정조 22년(1798)에 정조가 스스로 지은 자신의 호號로, 이를 설명하는 서문을 친히 짓고 쓴 후 이를 나무판에 새겨 존덕정에 걸게 한 것이다. 정조는 그 뜻을 직제학 이만수李晩秀에게 다음과 같이 설명했다.

내가 만천명월주인옹으로 자호自號(스스로 지어 부르는 자신의 호)를 삼았는데, 그 뜻은 자서自序(지은이가 스스로 적은 서문)를 보면 잘 알 수 있다. 그

반월지에 두 다리를 담그고 있는 존덕정

서序 가운데 '달은 하나이나 물의 부류는 만 가지이다. 물은 세상 사람이고 달은 태극太極이니, 태극이란 바로 나이다'라는 구절이 있다. 조정 신하 수십 명으로 하여금 각각 써서 올리게 한 다음에 새겨서 연침燕寢(임금의 침실)의 여러 곳에 걸어 두었는데, 점을 찍고 획을 그은 것을 보면 그 사람의 규모와 기상을 상상할 수 있으니, 이것이 실로 이른바 만천명월萬川明月이라는 것이다.

- 《국조보감》, 정조 23년

이는 정조가 자신에 찬 임금의 모습을 신하들에게 과시하는 것이다. 당쟁의 소용돌이 속에서 아버지 사도세자가 죽임을 당하는 것을 목격하고, 항상 반대파로부터 죽음의 위협에 시달리며 왕위에 오른 정조는

〈동궐도〉의 존덕정 부분

정조의 '만천명월주인옹자서' 현판

문예부흥을 통해 새로운 이상 정치를 실현하려 했다.

　세손 시절에는 청나라의 선진 문화를 연구하며 전혀 정치적인 색깔을 드러내지 않던 그는 영조의 뒤를 이어 왕위에 오르자 사도세자의 아들로서 정치적인 입장을 분명히 했다. 우선 사도세자를 죽음으로 몰고 간 세력에 대한 복수를 단행하는 한편, 학문에 뛰어난 새로운 인물을 과감히 발탁하여 친위세력을 구축했다. 또한, 외척과 환관을 멀리하고 규장각을 세워 유능한 선비를 가까이 하며 그들과 함께 학문과 나랏일을 토론하며 유교적 이상 국가를 지향했다.

이러한 과정을 거쳐 왕위에 오른 지 22년이 지난 시점에, 정조는 비로소 자신의 의지대로 새로운 질서의 틀을 완성하고 '만천명월주인옹자서'를 통해 이를 신하들에게 당당히 선언한 것이다.

존덕정을 보고 정조의 강한 왕권을 느낄 수도 있고, "모든 것은 내 탓"이라는 공자의 가르침을 느낄 수도 있다. 육면정인 존덕정의 모습을 보고 벤젠을 연상하는 것은 화학자에게는 당연한 것인지 모르지만, 벤젠을 모르는 보통 사람들에게는 있을 수 없는 일이다. 벤젠과는 전혀 관련이 없어 보이는 존덕정 때문에 나는 까마득한 학창 시절의 화학 시간을 떠올릴 수 있는 기회를 가졌다. 하물며 그 건축물과 직접적으로 관련된 역사적, 문화적 사실이야! 이것이 문화유산을 보존하는 진정한 이유가 아닐까?

글을 읽어,
뒷날 크게 쓸 바탕을 기르라 /손명희

요즘 많은 기업들이 '독서 경영'을 주목하고 있다. 조직원의 창의력과 사고력을 증진시키기 위해 시행하는 기업의 경영 전략적 시도가 최근 공직 사회인 문화재청에서도 '변화와 혁신'이란 슬로건 아래 선보이고 있다.

직원이 도서와 독서 날짜를 자유롭게 선택하여 책을 읽고 이를 정리 함으로써 재충전과 성장의 기회를 제공한다는 취지로 마련한 '사가독 서제賜暇讀書制'가 바로 그것이다. 한마디로 '독서 휴가'라 할 수 있는 이 즐거운 제도는 사실, 그리 새로운 것은 아니다. 이미 조선시대에 우리 선조들이 시행한 일이니.

이 글에서는 조선시대의 사가독서제와 사가독서의 장소인 '독서당 讀書堂', 그리고 이와 관련된 그림 한 점을 소개하고자 한다.

사가독서제, 독서 경영의 뿌리 깊은 전통

나라를 이끌어나갈 인재를 기르기 위해 젊고 총명한 문신을 선발하여 여가를 주고 글을 읽혀 뒷날 크게 쓸 바탕을 갖추게 한 사가독서제는 인재 양성책의 하나로 세종 8년(1493)에 시작되었다. 신숙주, 박팽년, 서 거정 등 수십 명의 명사를 배출하면서 활발하게 운용되었는데, 세조 때 집현전의 혁파와 함께 폐지되었다가 흥학興學을 강조한 성종대에 다시 시행된다.

집과 산사山寺를 오가며 이루어지던 사가독서는 차츰 산사에서 하는 것이 관례가 되었다. 그러나 유신儒臣이 산사에서 독서하는 것이 당시의 유교 정책과 맞지 않는 부분이 있었기에, 성종 24년(1493) 용산의 폐사를 수리하여 '독서당讀書堂'을 세워 사가독서 전용 공간으로 삼았다. 그러나 성종이 사망한 뒤 연산군대의 연이은 사화士禍로 사가독서제와 독서당은 유명무실해지고, 사가독서제를 통해 배출된 성종대의 많은 인재들도 희생되었다.

연산군을 끌어내리고 반정으로 등극한 중종은 성종이 추구하던 도학 정치를 부활시키고자 사림을 다시 등용하는 등 왕권 강화를 위한 개혁을 도모하였다. 이의 일환으로 사가독서제를 부활시키고, 중종 12년(1517)에는 독서당도 새로 지었는데, 기존 용산의 독서당이 고쳐 쓸 수 없을 정도로 기울어졌기에 두모포豆毛浦 월송암月松庵 서쪽 기슭에 새로이 '동호독서당東湖讀書堂'을 지은 것이다. 동호東湖는 한양 도성을 기준으로 해서 동쪽, 곧 지금의 옥수동 주변 한강을 말한다.

동호독서당은 선조에 이르기까지 문신들의 휴양처이자 독서의 장으로 성리학을 발전시키는 터전이 되었다. 동호독서당에서 독서한 대표적인 이들을 살펴보면, 중종 시기의 이황, 선조 시기의 이이·유성룡 등이 있다. 이들은 성리학의 발전에 많은 영향을 미쳤을 뿐 아니라 이후 교육과 정치 발전에도 지대한 영향을 주었다.

이렇듯 활발하게 시행되던 사가독서제는 임진왜란으로 폐지된다. 광해군대에 다시 사가독서제가 실시되지만 전대의 성황에는 미치지 못하였으며, 결국 숙종 이후 폐지되고 만다.

동호독서당 역시 임진왜란의 화를 피하지 못하고 잿더미가 되었다가 효종 9년(1658)에 다시 지어지는데, 중종대의 독서당 터와 동일한 것

현재 '독서당 길'로 불리는 옥수동 길(위)
독서당이 있었던 옥수동 주변과 독서당 터 비석(아래)

〈도성도〉에 보이는 독서당(서울대학교 규장각 소장)

인지 여부는 확신할 수 없으나 비슷한 위치에 자리하였을 것으로 짐작된다.

조선 후기에 그려진 몇몇 고지도를 보면, 독서당에 대해 '강과 산의 가장 빼어난 곳에 자리하고 있어 칭송할 필요가 없을 정도다'라고 한 이식李植(1584~1647, 조선 중기 문신)의 언급처럼 뒤로는 응봉鷹峰이 감싸고 앞으로는 한강이 내려다보이는 뛰어난 풍광을 지닌 곳에 자리 잡은 독서당의 모습을 확인할 수 있다.

그런가 하면, 사가독서제의 전성기에 사가독서자들의 동호독서당 모임을 그린 그림도 남아 있어, 당시 동호독서당의 모습과 분위기를 엿볼 수 있다. 현재 서울대학교박물관에 소장된 보물 제867호 〈독서당계회도讀書堂契會圖〉(작자 미상, 1570년경, 비단 담채, 102×57.5cm)가 바로 그것이다.

독서당계회도, 글 읽는 소리 한강에 퍼지다

맨 위쪽에는 '독서당계회도'라는 전서체의 제목이 있고, 그 아래로 계회 장면과 이어 좌목座目(자리의 차례를 적은 목록)을 배치한 독서당계회도는 조선 중기 계회도의 전형적 형식을 갖추고 있다.

여기서 '계회'란 조선시대 양반관료층이 참여한 모임으로, 과거시험 합격 동기생들의 모임인 동방同榜 계회, 동년배의 모임인 동경同庚 계회, 같은 관청에 근무한 사람들의 모임인 동관同官 계회 등의 다양한 모임이 조선시대 전 시기에 걸쳐 성행하였다.

그림 하단에 기록된 독서당 계회 참가자 명단에는 모두 9명이 적혀

〈독서당계회도〉 전도(서울대학교박물관 소장)

있는데, 그 가운데는 이이, 유성룡, 정철 등 조선시대 중기 정치와 사상을 이끌어간 대표적인 문인들이 있다. 명단의 면면을 분석해보면, 1566년부터 1572년 시기에 사가독서 후 독서당을 거쳐간 인물들이 모임을 갖고 이를 기념하기 위해 이 계회도를 그린 것으로 추측된다.

한강을 내려다보고 있는 독서당 건물과 뒷산인 응봉의 모습을 산골짜기와 바위, 나무, 개울, 산길 등에 이르기까지 매우 세세하게 그린 '독서당계회도'는 한 폭의 실경 산수화의 형식미를 갖추고 있다.

특히, 화면에서 가장 중심이 되는 독서당은 왼편에 우뚝 솟아오른 응봉과 그 아래 산자락에 비스듬히 위치하고 있다. 근경에는 낮은 언덕이 솟아 있는데, 이는 동편의 계곡과 함께 독서당을 부드럽게 감싸 안아준다. 언덕 너머로는 동호(한강)가 넓게 펼쳐지고 그 위로 배들이 떠 있다.

왼쪽에서 오른쪽으로 흘러내리는 응봉의 산맥은 실제 응봉의 모습보다 강조되었으며 세세한 붓질로 섬세하게 표현된 반면, 강가의 토파土坡와 언덕들은 담묵의 면으로 부드럽게 처리되어, 독서당 주변 풍광을 실제 경치에 가깝게 재현하면서도 서정적 분위기를 잘 살려내고 있다.

그림에서 확인할 수 있듯이 당시 독서당과 주변 자연경관은 매우 아름다웠으며, 이 빼어난 아름다움은 동호독서당에서 사가독서한 많은 문인들의 시재詩材가 되었다.

선조 때 사가독서를 했고 그림 속 독서당 계회의 일원인 이이 역시 벗들과 시주詩酒를 즐기면서 동호의 아름다움을 다음과 같이 노래하였다.

술 깨서 옷 털고 일어나

난간에 기대어 푸른 동호를 바라본다.

봄빛은 먼 묏부리에 떠 있는데

맑은 햇살 평원에 가득하다.

아스라한 숲은 남은 꽃빛을 아끼는데

시전지의 구슬 같은 시편을 살핀다.

해가 높아 솔 그림자 기우는데

빈 누각에 투호소리 울리네.

醉酒披衣起 憑軒俯碧湖

春光浮遠岫 晴景滿平蕪

煙樹憐殘錦 雲牋閱唾珠

日高松影轉 虛閣響投壺

– 〈호당에서 취하여 제공을 보며 화답을 구하다(湖堂醉示諸公求和)〉,《율곡전서(국역)》2권 중에서

아파트 단지 뒤로 보이는 응봉(매봉)

세간에 크게 주목받고 있는 '독서 경영'이 21세기를 여는 새로운 패러다임인 것 같지만, 알고 보면 우리의 뿌리 깊은 전통문화이기도 하다. 언젠가 이 그림을 바탕으로 옥수동에 다시 독서당이 세워지고 그곳에서 여러 문인文人들의 글을 읽거나, 또는 문인들과 함께 글을 읽고 토론하는 소리가 잔잔히 울려 퍼지는 날을 상상해본다. 그리고 문화재청에서 추진하는 '사가독서제'가 단순한 일회성 이벤트가 아니라 공무원들의 창조성과 업무 효율성을 증진시키는 제도로 정착될 수 있기를 기대해본다.

2

발굴하다

그리고

발견하다

1930년대
경주를 엿보다

차순철

2004년 경주대학교박물관이 불국사 성보박물관 부지를 발굴 조사하다 가 일제 강점기인 1921년에 건립된 불국사 철도관광호텔 터를 확인하 고 건물의 규모를 밝히면서 각종 생활 유물을 수습하는 성과를 거둔 일 이 있다. 불국사 철도관광호텔은 경주 관광산업과 관련하여 경주가 근 대화되는 시기의 면모를 살펴볼 수 있는 중요한 '근대 유적'임에도 불 구하고, 1973년 불국사 복원 정비 사업으로 철거되었다.

경주가 관광 도시로서 개발된 때는 일제 강점기다. 당시 경주를 회고 하는 글을 읽다 보면 '시바타柴田 여관' '다나카田中 사진관' 같은 이름 들이 종종 등장한다. 물론 지금은 알 수 없는 곳들이다.

작년에는 일본 다이쇼大正대학 명예교수인 사이토 타다시齋藤忠 선 생이 우리 경주문화재연구소를 방문하였다. 선생은 1934년 5월부터 1937년 12월까지 조선고적연구회 경주사무소 연구원으로 근무하면서 경주 지역의 중요한 유적지 발굴 조사에 참여하였고, 신라 문화에 관련 된 논문을 다수 발표한 분이다. 99세의 노령으로 경주를 다시 찾은 선 생은 청년 시절 근무했던 구 경주박물관 건물(현재 경주문화원)을 둘러보 고 자신이 살았던 여관의 흔적을 더듬으며 당시 경주박물관 주변 풍경 에 대해 여러 가지를 설명해주었다.

이야기를 들으면서 나는 일제 강점기의 경주 풍경에 좀 더 집중해보 아야겠다는 생각이 들었다. 《다시 보는 경주와 박물관》(국립경주박물관, 1993)과 《경주의 옛 사진집》(경주문화원, 1994)이 있어 도움이 되기도 하였 지만, 당시 경주의 모습을 전체적으로 그려보기에는 아쉬움이 있었다.

그러던 중에 한일문화유적답사연구소의 고故 박정호 선생이 소장한

〈신라의 옛 도읍 경주 고적 안내新羅の古都 慶州古蹟案內〉라는 관광 안내도를 만났다. 이 지도는 1936년 12월 1일 경주읍 서부리 124번지에 소재한 동양헌東洋軒 사진관(일본인 다나카가 운영함)에서 발행한 것으로, 당시 경주 시가지의 모습을 비롯하여 관광과 관련된 여러 가지 사실들을 알려주는 중요한 자료이다.

지면을 통하여 간단하게나마 안내도의 내용을 소개하고자 한다. 생전에 소장품을 소개하도록 양해해준 고 박정호 선생께 감사를 드린다.

〈신라의 옛 도읍 경주 고적 안내〉라는 관광 안내도

〈신라의 옛 도읍 경주 고적 안내〉는 두터운 표지 안쪽에 앞뒤로 인쇄된 지도를 삽입하여 붙인 형태이다. 전체 크기는 가로 10.8센티미터, 세로 23.4센티미터이고, 안쪽의 지도를 펼쳤을 때 크기는 가로 61.7센티미터, 세로 46.0센티미터이다.

지도 앞면에는 주요 관광지를 그림과 설명문으로 나타낸 지도가 컬러로 인쇄되어 있고, 뒷면은 경주읍 시가지 약도가 단색(갈색)으로 인쇄되어 있다. 시내 주요 건물의 위치와 관광 기념인을 날인할 수 있는 담뱃가게를 비롯한 여러 가게의 위치도 표시되어 있다.

이 관광 안내도에서 특히 흥미로운 점은 당시 경주읍의 여러 현황이 게재되어 있다는 점이다.

먼저 경주읍의 전체 인구를 살펴보면 한국인(조선인)은 남자 9300명, 여자 9546명으로 총 1만 8846명에 호구 수 3827호이며, 일본인(내지인)

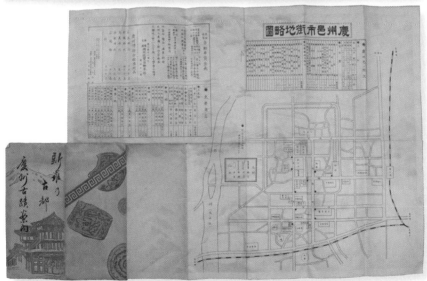

〈신라의 옛 도읍 경주 고적 안내新羅の古都 慶州古蹟案内〉

일제 강점기의 경주 시내

이 남자 513명, 여자 495명으로 총 1008명에 호구 수는 252호이다. 외국인은 국적이 표시되지 않았지만 남자 28명, 여자 8명으로 총 36명에 호구 수 11호였다. 따라서 당시 경주읍의 인구는 1만 9890명이며 가구의 호구 수는 4090호임을 알 수 있는데, 일본인이 차지하는 비율은 전체 인구의 5.06퍼센트이며, 전체 가구 수로 볼 때는 6.16퍼센트이다.

안내도에는 당시 경주에 있던 여러 기관의 이름과 전화번호도 표시되어 있다. 관공서는 경주군청, 경주세무서, 경주읍사무소, 대구지방법원 경주지청, 대구전매국 경주판매소, 경상북도 경주사방砂防사업소, 경주경찰서, 경주우체국, 경주역(기관구機關區, 열차를 운영하고 수리, 정비하는 곳), 보선구保線區(열차 선로의 시공과 보수를 맡아보는 곳), 곡물검사소 부산지소 경주출장소, 조선총독부박물관 경주분관 등 모두 11곳이 있다. 주요 단체로는 제국재향군인회 경주분회, 국방의회, 경주소방조消防組, 경주청년단, 경주(조선인)부인회, 경주군체육협회, 경주번영회, 경주상공회, 경주고적보존회, 적십자사 경주위원회, 애국부인회 경주분회, 경주불교부인회 등 12곳, 경주군농회農會, 경주학교조합, 경주금융조합, 경주동부금융조합, 경주산업조합, 보문수리조합 등 6개 조합 그리고 동양척식주식회사 경주주재소, 경상합동은행 경주지점, 경주전기주식회사, 경주양조주식회사, 경주국자麴子(누룩)주식회사 등 5개 회사이다.

시내에 소재한 가게들은 업종에 따라 구분되어 있다. 토산물 가게는 6곳이 소개되었는데, 여기에는 골동품 가게와 사진관, 과자 가게가 등재되었다. 이를 살펴보면, 다나카田中 동양헌東洋軒(유적 그림엽서, 관광품, 기념사진 등), 구리하라栗原 상점(각종 골동품), 부인상회 · 신라당(각종 관광 기념품 일체), 후지이藤井 상집(방울), 센베이조종전병(종 모양을 한 구운 과자, 기념품 과자류), 나카무라中村 상점(기념품, 일본 · 서양 그릇) 등이다.

이 밖에도 여관 7곳(시바타柴田, 아사히朝日, 마쓰야松屋, 경주慶州, 안동安東, 경성京城, 월성月城), 일본인이 운영하는 잡화점 7곳(기노시타木下, 무라카미村上, 마쓰요시松嘉, 마쓰세松瀨, 사카모토阪本, 나카지마中島, 후지토藤戶), 과자 가게 2곳(목포木浦, 동광東光), 철물점 3곳(고모리小森, 다케우치竹內, 고무라古村)이 있고, 가와지川路 양조소, 츠이키築城 상회, 후쿠스케福助 요리집, 미우라三浦 양복점, 하시모토橋本 정미소, 이씨 포목점李反物店, 나카노中野 공무소, 하시모토橋本 · 가와지川路 약국, 문진당文進堂 · 박문당博文堂 인쇄소, 타츠노龍野 · 언양彦陽 자동차, 우에노上野 · 야마모토山本 목재소 등이 있다.

안내도의 현황으로 볼 때, 당시 경주 읍내에 거주한 일본인들은 전체

인구의 5.06퍼센트에 지나지 않았지만 경주읍 안에 소재한 여러 상점들을 대부분 소유하여 경제적으로 한국인보다 훨씬 좋은 여건에서 생활하였을 것이다.

또한 동양척식주식회사 경주주재소, 경상합동은행 경주지점과 같이 식민지 지배에 중요한 역할을 담당한 기업들이 상주했던 것을 보면, 경주읍에 거주한 일본인들이 조선총독부와 관련 기관들의 보호를 받으면서 생활하였음을 알 수 있다.

한편 관광 부분에서는 경주박물관 소장품 현황이 소개되어 있는데, 석기시대 100점, 신라시대 400점, 고려시대 50점, 조선시대 30점, 석조물 100점 등 모두 680점의 유물이 소장된 것으로 표기되어 있다.

이와 같은 경주 관광 안내도가 만들어진 목적은 지도에 적힌 글 내용처럼 '경주의 고적을 빠른 시간 안에 둘러볼 수 있도록 관광 유람차의 존재를 홍보하고, 또 상점의 이용을 촉진시키기 위한 것'으로 추정할 수 있다.

경주 읍내에 소재한 여러 고적들을 자동차로 관람할 수 있는 관광 유람차는 적어도 한 곳 이상의 업체에서 운영한 것으로 추정되나, 이 지도에는 중앙로에 위치했던 오카모토岡本 유람자동차에 대한 내용만을 소개하고 있다.

관광 안내도에 의하면, 당시에는 경주 관광을 시내, 서악동·동천동, 불국사·괘릉 등 세 구간으로 나누었는데, 구간별 정액제로 관광 유람차를 운영하였다. '고도 유람 자동차 임금표'에는 자동차 탑승 인원 4명을 기준으로 요금이 책정되어 있으며, 인원이 늘어나면 추가분에 대

관광지	요금		특기 사항
1. 분황사, 석빙고, 포석정, 오릉 (황룡사, 첨성대, 안압지, 계림 서행) 개개 관람시간 약 5분	4명 : 2원 50전 (인원 추가 시 1명당 25전씩 증액)	소요 시간 약 1시간	
2. 무열왕릉 및 사면석불 안내	4명 : 1원 20전 (인원 추가 시 1명당 20전씩 증액)	소요 시간 30분	· 임대 요금은 만원滿員 시 요금임 · 4인 미만의 경우에 4인 요금을 받음
3. 경주~불국사 간 편도 도로 직통 안내	4명 : 2원 50전 (인원 추가 시 1명당 50전씩 증액)		
상기 코스에 포함된 괘릉 순회 안내	4명 : 1원 20전 (인원 추가 시 1명당 20전씩 증액)		
4. 역에서 맞이하는 경우	1명 : 20전 (인원 추가 시 1명당 20전씩 증액)		

유람 자동차 임금표

한 요금이 증액되고 있다. 이 경우 별도의 차량이 운행되었는지는 알
수 없다.

　유람 자동차로 읍내 여러 유적을 모두 둘러본다고 가정할 때 소요되
는 비용은 4인 기준으로 7원 40전이다. 이 금액을 쌀 가격을 기준으로
현재 화폐가치로 환산해서 살펴보자. 1935년 쌀 80킬로그램의 가격은

17.8원(1936년 경성상공회의소에서 조사한 소비자물가지수에 따름)이므로, 이를 2006년 정부추곡수매가인 11만 8460원(80kg)과 비교하면, 당시 1원은 현재 화폐가치로 약 6655원이다. 따라서 관광 유람차로 경주 읍내의 여러 유적을 관광할 경우 소요되는 비용은 약 4만 9247원이 된다.

그런데 이 당시 물가를 쌀 가격이 아닌 금金의 가격으로 비교하면 전혀 다른 결과가 나온다. 루스벨트(미국 제32대 대통령, 1933~1945년 재임)가 1온스당 35달러로 정했던 연방준비은행의 금 매입 가격이 지금은 672.2달러이므로, 전체 물가는 19.21배가 올랐다고 볼 수 있다. 따라서 1945년 이후 현재까지 우리나라에서 이루어진 화폐 개혁을 통해서 평가절하된 화폐가치를 반영시킨 비용은 34만 1760원이 된다. 2007년 현재 경주에서 택시를 평일 하루 임대할 경우 소요되는 비용이 19만 원인 것과 비교해보면, 당시 경주를 찾은 관광객들이 매우 비싼 비용을 지불하였던 것을 알 수 있다.

한편, 〈신라의 옛 도읍 경주 고적 안내〉에 게재된 시가지 약도를 보

유람 자동차

면, 현재와 다른 경주 시가지 모습을 눈여겨보게 된다. 현 대능원을 기준으로 하여 북쪽을 지나가는 부산-대구 철도선로의 존재와 경주읍성 안쪽에 위치한 여러 관공서 건물이 눈에 띈다. 지금은 흔적이 없지만, 서라벌 문화회관 앞 대구 로타리에서 동서 방향으로 가설되었던 협궤 철도는 앞으로 이루어질 발굴 조사를 통해서 확인될 가능성이 있으므로, 이를 기억하였다가 발굴 시 주의할 필요가 있겠다. 관공서의 경우, 대부분 지금 시가지 안에 위치한 관공서의 위치와 동일하지만, 재판소는 경찰서 서쪽으로 이전하기 전의 자리이다.

시대가 바뀌었다! 우리가 고대하는 경주의 모습은?

1936년에 제작된 경주 관광 안내도를 통해 경주가 관광 도시로 출발한 일제 강점기 당시의 경주 풍경을 조금이나마 살펴보았다. 나는 이 지도를 보며, 특히 우리나라에서 근대 관광이 시작된 시점과 그 상황을 주목하게 되었다. 당시의 관광 개발은 그 지역에 거주하던 일본인 거류민이 중심이 된 '마쯔리まつり'(축제)의 일환으로 시작된 사실을 알게 되었다.

1912년 10월 27일자《권업신문勸業新聞》을 보면 '일인이 한인을 동화시키는 수단으로 관광단을 장려하여 한인의 일본 구경을 자주 시키는 것은 본보에 이미 게재하였거니와 근일에 또 경성관광단이란 것을 장려하여 각 도에서 수십 명씩 단체하여 서울 구경을 오게 하는데 그 실상은 곧 서울에 와서 일인의 각종 설치한 것을 구경시켜 일본 문화에 굴복하는 마음이 나도록 하게 함이라더라'라고 하여, 관광이라는 목적 안에 숨겨진 일본인의 의도를 지적하고 있다. 하지만 관광은 일반인들에게 점차 휴식과 여가를 보낼 수 있는 하나의 문화로 자리 잡게 된다. 경주·부여·공주 등으로 학교 학생들이 수학여행을 시작한 것도 이즈음이라고 할 수 있다.

이렇게 시작된 근대 관광으로 인해 1970년대에 경주는 다시금 관광지로, 그것도 대한민국을 대표하는 관광지로 본격 개발되었다. 그리고 지금까지도 당시 설계된 관광 계획은 유효하고, 그에 따라 경주는 과거와 현재가 어우러진 지금의 모습이 되었다. 그러나 과거와는 상황이 많이 달라졌다. 특히 KTX와 자가용을 이용한 관광의 보편화는 경주 관광에 큰 변수가 되고 있다. 관습에 젖은 경주의 관광 산업은 점차 경쟁력

소금강산에서 바라본 황룡사 지구와 경주 남산

을 잃어버린 채 위기를 맞고 있다는 이야기가 나오고, 이에 대한 시민들의 우려도 적지 않다.

하지만 오늘날에도 변함없는 경주의 특성은 유네스코 세계유산인 남산을 비롯한 수많은 역사 유적 그리고 전통문화가 존재하는 공간이라는 점이다. 비록 지금 현대화의 물결을 타고 고층 아파트가 난립하고, 문화 유적의 보존과 개발 사이에 많은 고민이 있지만, 천년 고도로서 경주의 위상은 지속되리라 의심치 않는다. 그러나 지금 경주에서 이루어지고 있는 대규모 개발 사업을 지켜보면 상전벽해의 감정마저 느낄 정도이다.

지난날 경주를 찾았던 사람들이 바라보았던 풍경, 그리고 오늘의 경주 경관을 두고 경주를 찾는 사람들이 원하는 것이 무엇인가를 생각해 보면, 경주 시민들이 관광 도시로서 경주만이 지니고 있는 장점을 너무나도 쉽게 편안한 생활을 위한 개발과 맞바꿔버린 것이 아닌가 하는 고민이 든다. 경주의 참 경쟁력에 대해 진지하게 고민하고 해결해야겠다.

해양 유물을 통해
고려시대 뱃사람들을 만나다

곽유석

삼면이 바다로 둘러싸인 한반도에서 살아온 우리 민족에게 바다는 육지 못지않은 삶의 터전이었고, 주요한 물자와 사람이 오가는 교통로였다. 바다 속에는 이처럼 활발했던 조상들의 해양 활동 흔적이 고요히 잠들어 있다. 해양 유물은 수백 년 또는 수천 년 동안 바다에 매몰되어 비교적 인위적인 훼손이 적고, 유물도 대량 발굴될 뿐만 아니라 알토란 같은 과거의 정보를 담고 있어, 그 가치가 매우 높다.

1976년 전남 신안 앞바다의 무역선 발굴로 시작된 우리나라의 수중 문화유산 발굴의 역사는 2007년 5월부터 발굴 조사 중인 충남 태안군 대섬 앞바다 청자 운반선까지 모두 14건의 수중 발굴로 이어지고 있다.

2000년대 이전에만 해도 5년에서 7년 정도의 간격이 있었으나, 2002년부터는 매년 수중 발굴이 이루어지고, 어떤 해에는 두세 차례의 조사가 이루어지는 등 눈에 띄게 빈도가 잦아지고 있다.

수중 발굴은 주로 주민의 신고나 전문 도굴꾼 체포 또는 보물 사냥꾼의 제보 등에 기인한다. 이처럼 수중 발굴이 급증하고 있는 것은 잠수 장비의 급격한 발달과 수중 레저 인구의 증가가 큰 배경이다. 잠수 장비를 갖춰 키조개잡이를 하던 어부의 손에 도자기가 걸려 나오고, 바다의 보물을 찾아 헤매는 사냥꾼들의 손에도 고려청자가 들려 나온다.

발굴 결과 얻어지는 해양 유물 대부분은 선박의 잔해와 그 선적품인 도자기이고, 시대적으로는 고려시대 것들이다. 해양 유물 또는 수중 문화유산은 수백 년 전의 모습을 잘 간직하고 있는 데다가 그 시대 어느 한 시점의 문화적 요소를 고스란히 보여주므로, 각별히 중요하게 평가

된다. 신안 앞바다에서 나온 14세기 무역선의 다양한 물품이 1323년 동북아시아의 국가간 교류 현황과 소비층의 생활상을 종합적으로 말해주었던 것이 그 예라 하겠다.

수중 발굴 유물이 많아짐에 따라 학계는 물론이요, 일반인 사이에서도 수중 고고학에 대한 관심이 높아지고 있다. 앞으로 더 많은 수중 문화유산의 발견과 발굴이 이어질 것이며, 또한 이들 해양 유물의 해석과 연구 활동도 활발해질 것으로 기대된다.

여기서는 2003년 전북 군산 앞바다 십이동파도선 발굴 사례를 중심으로 하여, 고려시대 도자기 선적 방법과 당시 선원들의 선상 생활을 재구성해보았다.

차곡차곡, 깨지지 않도록 조심조심

군산 앞바다 십이동파도선 발굴이 뚜렷이 기억되는 이유 가운데 하나는 우리나라 수중 발굴 사상 최초로 전 과정을 수중 촬영했다는 데 있다. 그동안에는 개흙물 때문에 시야가 흐려 앞이 제대로 보이지 않아 수중 촬영을 못 했지만, 십이동파도 수중 발굴 때는 시야가 충분히 확보되어 도자기가 배 위에 선적되어 있는 모습을 확연히 볼 수 있었고, 비디오 촬영도 무사히 마쳤다.

고려시대 청자 생산은 주로 바닷길이 좋은 해안가를 끼고 있는 장소에서 이루어졌는데, 무엇보다도 배를 이용한 대량 수송의 이점이 있기 때문이다. 고려시대 주요 도요지인 강진, 해남, 부안, 부여, 보령, 강화,

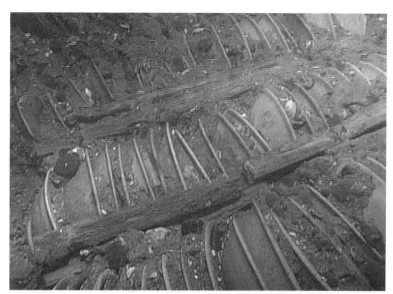

십이동파도선의 유물이 수중 노출된 상태(위)
수중 발굴 조사 모습(아래)

송화(황해도) 등이 모두 그렇다.

다음은 수중 촬영 화면을 통해 확인해본 고려청자의 선적 상태이다.

도자기는 배 바닥에 차곡차곡 쌓아올린 상태로 실려 있었다. 도요지에서 먼저 30~40개 정도 포갠 다음 도자기와 도자기 사이에는 완충제로 짚을 넣고, 눕혀서 사방으로 네 군데에 나무막대를 대었는데, 막대 끝과 끝을 줄로 엮어 그 안쪽의 도자기가 움직이지 않게 고정하였다. 실제로 십이동파도에서 수중 발굴된 나무막대 끝은 줄로 연결하기 좋게 홈이 파여 있다.

이렇게 묶인 도자기는 지게나 우마차로 선착장으로 운반된 뒤, 차례차례 배 밑창으로 옮겨졌을 것이다. 배 바닥에는 짚이나 갈대 등을 두텁게 깔고서 그 위에 도자기 묶음을 적절히 놓은 다음, 다시 그 위에 짚이나 갈대 등을 깔았다. 이런 방법으로 도자기 묶음을 몇 단씩 올려 선적했다. 이렇게 해야 도자기를 최대한 많이 실을 수 있기 때문이다. 이를 증명하듯 1984년 완도에서 발굴한 도자기 운반선(10톤급)에서는 무려 3만여 점의 고려청자가 나왔고, 십이동파도에서 발굴한 고려시대

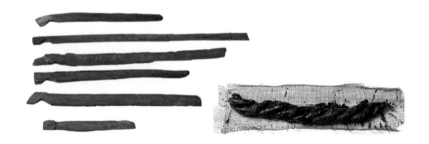

선적한 도자기를 고정한 나무와 묶은 밧줄

십이동파도선에서 발굴된 청자광구병

배에서도 1만여 점의 고려청자가 인양되었다. 상자를 이용하거나 배에 단을 만들어 도자기를 적재하였다면 이만큼 도자기를 선적하지 못했을 것이다.

선상 생활 유물에 주목하다

나침반, 해도 같은 항해 도구가 발달하지 못한 시절에는 지형지물을 이용한 항해가 일반적이었다. 선원들은 섬과 연안의 높은 산 등을 가늠하여 방향을 잡아나갔다. 이때는 지형지물에 대한 숙지가 중요했기 때문에, 경험이 많은 뱃사람의 역할이 매우 중요했다. 해와 별자리를 보고 방향을 잡기도 했고, 어떤 때는 바다 빛깔을 보고 바다 위 자신들의 위치를 파악하기도 했다.

십이동파도선에서 발굴된 선상 유물 가운데 철제 솥과 청동 숟가락

　돛배로 항해할 때는 조류와 바람의 영향을 크게 받기 때문에, 항해 기간이 들쑥날쑥했다. 짧은 거리지만 며칠씩 걸리기도 하고, 바람을 기다리느라 바다에 그대로 정박해 있기도 했다.

　선원들의 항해 생활은 어땠을까? 선원들은 배 위에서 밥을 지어 먹었다. 또한 술도 직접 담가 마셨다. 술을 담글 수 있는 쌀이나 누룩, 된장, 간장 등을 가지고 다녔다. 《만기요람萬機要覽》(왕이 정사에 참고하도록 정부 재정과 군정의 내역을 모아놓은 책. 순조 8년(1808)에 편찬)에 보면, 조선시대 조운선에 지급되는 품목 중에는 술 빚을 쌀과 장 담글 콩을 지급했다는 기록이 있으니, 고려시대도 마찬가지였을 것으로 추정된다. 십이동파도 도자기 운반선에서 발굴된 솥, 그릇, 숟가락, 물 항아리, 장을 담을 각종 단지, 솥 밑에 까는 돌판 등 생활용품들은 이런 사실들을 뒷받침해준다.

　십이동파도 수중 발굴 시, 선체 중앙의 취사하는 공간에서 솥 2점이

나왔다. 1점은 다리 3개가 달린 솥이고, 나머지 1점은 다리가 없는 솥이다. 솥이 둘이나 되는 것으로 보아 이 배는 제법 많은 인원이 타고 있었음을 알 수 있다. 고려시대 선박인 '완도선'(1984년 전남 완도군 약산도 앞바다에서 발굴)에서도 다리가 3개 달린 솥 1점이 나온 바 있다.

사용한 흔적이 뚜렷한 청동 숟가락은 24.5센티미터 크기이며, 오늘날의 것과 거의 구분할 수 없을 정도로 비슷하게 생겼다. 젓가락이 발견되지 않은 점으로 미루어, 뱃사람들이 젓가락을 사용하지 않았거나 나무젓가락을 사용하지 않았을까 추정해볼 수 있다. 완도선에서는 5점의 숟가락과 국자가 나왔다.

그 밖에 장이나 소금 등 각종 양념을 담는 용기로 추정되는 각종 단지와 항아리 파편이 여러 점 발굴되었고, 커다란 물 항아리 파편도 나왔다. 항아리에 먹을 물을 담아 다녔던 것이다.

십이동파도선에서 돌판 3점도 인양되었는데, 배에서 밥을 지을 때 바닥에 불이 붙지 않도록 이 돌판을 깔았을 것이다. 돌판은 납작한 생김새에 모두 그을려 있었다. 2005년 전남 신안군 안좌도에서 발굴한 '안좌도선'에서도 돌판 1점이 나왔고, 이것 역시 그을린 흔적이 뚜렷했다.

안좌도선에서도 숫돌이 1점 나왔고, 완도선에서 1점, 신안선에서 4점이 나오기도 했다. 항해 도중 음식을 만들어 먹기 위해서는 칼이 필요했을 터이고, 칼이 있으니 칼 가는 숫돌이 필요한 것은 당연한 일이다.

그런가 하면, 완도선에서는 시루가 나오고, 청동 밥그릇, 나무함지, 나무망치, 나무쐐기, 조새 등이 나와 선상에서 사용한 생활 도구들에 대해서는 상당히 많은 부분이 밝혀졌다.

시루는 뱃사람들이 항해 중 해신당을 지나며 제사를 지낼 때 제사용 떡을 만들기 위해 배에 실은 것으로 추정된다. 나무함지는 요즘의 세숫 대야나 설거지통이었을 것이고, 나무망치는 배의 여러 부분들이 이모 저모 헐거워지면 쐐기를 박아서 단단히 할 필요가 있을 때 사용하였을 것이다. 조새는 굴을 채취할 때 사용하는 도구인데, 요즘 서남해안에서 사용하는 조새와 똑같은 형태이다.

십이동파도선에서 배 위에서 쓰던 밧줄과 닻을 묶던 밧줄도 일부 발굴되었는데, 모두 칡넝쿨 껍질을 벗겨 꼬아서 만들었다. 굉장히 질기고 튼튼한 밧줄이었다.

십이동파도선의 발굴은 이와 같은 선상 생활 유물의 발굴 외에도 선체 자체의 기본 구조가 상당 부분 남아 있어서 고려시대 선박의 구조와 발달 과정을 밝히는 중요한 자료로 평가되고 있다.

도자기 운반선의 외형은 갑판 위에 갈대나 짚으로 지붕을 한 선실을 만들고, 부들이나 왕골로 짠 돛대를 중앙에 세웠으며, 이물(선수, 배의 앞쪽)에는 닻을 감아올리고 내리는 호롱이 설치되어 있다. 갑판 아래쪽의 배 바닥에는 도자기를 선적하였으며, 잠을 자거나 쉬는 공간도 만들었을 것으로 추정된다.

고려시대 선원들을 살려내다

해양 유물 발굴이 잦아지면서 이를 통해 당시 운송하던 도자기 형태와 성격, 운송 항로는 물론이고, 도자기 선적 방법이나 선원들의 해상 생활 등 해운에 관한 문화를 유추해볼 수 있는 자료도 하나 둘 더해가고 있다.

도자기는 수천 점에서 수만 점이 나오지만, 그 숫자에 비해 많은 정보를 보여주지는 않는다. 하지만, 선상 생활 유물은 그 당시 선원들의 삶을 복원해내는 데 결정적인 역할을 한다. 이러한 자료들을 모으고, 문헌 기록과 관련 해양 문화를 함께 연구한다면, 고려시대 뱃사람들의 삶과 애환을 좀 더 정밀하게 복원해낼 수 있으리라.

다음은 십이동파도선에서 발굴된 여러 가지 선상 생활 도구들을 보고, 나름대로 당시 선상 생활을 상상해본 것이다.

고려청자를 가득 실은 배 한 척이 군산 앞바다를 지나고 있다. 배의 이름은 '십이동파도호'! 뱃머리에 서 있는 사람은 구릿빛 얼굴에 형형한 눈빛, 당당한 그 풍채가 누구라도 단박에 알아볼 수 있는 선장이다. 그런데 구름을 살피던 선장의 눈빛이 잠시 흔들린다.

더 없이 맑은 하늘, 잔잔한 파도…… 선원들은 멀어지는 육지를 바라보며 순조로운 항해를 기원한다. 잠시 후 육지의 소리들이 멀어지자 선원들은 각자 누구누구랄 것 없이 이심전심이 되어, 일부러 더 목소리를 높인다. 믿음직한 선장이 있지만, 또 늘 오가던 뱃길이지만, 이번 뱃길은 또 얼마나 걸릴지, 무슨 일이 생길지는 자신할 수 없는 것이다. 자신도 모르게 헛헛해지는 마음을 감추며 농을 주고받던 선원들은 선장의 불호령에 어느새 각자 위치로!

식사를 담당한 선원은 철제 솥을 소맷부리로 쓱싹 문지른 뒤 돌판에 얹고

십이동파도선 선상 생활을 상상하여 그린 복원도

나무를 때어 밥을 한다. 보조 선원은 숫돌에 칼을 쓱쓱 갈고, 각종 양념 단
지에서 장을 퍼 오고, 또 커다란 물 항아리에서 물도 길어다 나른다. 삼삼
오오 모여 앉은 선원들은 청동 밥그릇에 담긴 밥을 청동 수저로 퍼서 입
으로 부지런히 나르고, 장맛을 품평하기도 한다. 밥을 먹고 나면 나무함지
에 그릇들을 담아 설거지를 한다. 이 틈에 갑판을 살피는 한 선원은 배 이
곳저곳을 꼼꼼히 살펴 헐거워진 곳이 있으면, 나무망치로 쐐기를 박아 튼
튼히 한다.

선장은 시루를 준비하여 떡 만들라는 지시를 내리고, 칡넝쿨 밧줄에 매달린 닻을 내리라 한다. 선원들은 무슨 일인지 영문을 모르겠다. 선장은 저 높고 먼 하늘의 구름이 불안하다. 고려청자를 가득 실은 '십이동파도호'는 목적지를 향해 순조롭게 나아갈 수 있을 것인가……

이렇게 해놓고 보니, 멀게만 느껴졌던 고려시대가 한층 가까워진 느낌이다.

브라보
마이 라이프! 저습지 발굴 ^{/ 이성준}

해 저문 어느 오후
집으로 향한 걸음 뒤엔
서툴게 살아왔던
후회로 가득한 지난날
그리 좋진 않지만 그리 나쁜 것만도 아녔어.

석양도 없는 저녁
내일 하루도 흐리겠지
힘든 일도 있지
드넓은 세상 살다 보면
하지만 앞으로 나가 내가 가는 곳이 길이다.

브라보 브라보 마이 라이프! 나의 인생아
지금껏 달려온 너의 용기를 위해
브라보 브라보 마이 라이프! 나의 인생아
찬란한 우리의 미래를 위해
…(중략)…

'브라보~ 브라보~ 마이 라이프!' 몽롱한 듯 경쾌한 보컬에 힘들고 지쳐 구부정해진 어깨가 들썩이는 노래. 그룹 봄여름가을겨울의 〈브라보 마이 라이프〉라는 노래이다.

이 노래가 크게 히트하던 2001년 나는 부여의 한적한 시골 진흙탕에

발굴 당시 하늘에서 내려다본 부여 구봉-노화리 유적 일대

서 3000년 전 청동기시대의 논 유적을 발굴하고 있었다. 충남대학교 백제연구소에서 처음으로 직장 생활을 시작하면서 맡은 일이 바로 '부여군 규암면 노화리 일대의 경작 유적 발굴'이었다.

지금이야 저수지, 수전 등등 다양한 형태의 저습지 발굴 조사가 활발하게 진행되지만, 당시 저습지 발굴이라고 하면 다들 '경험이 없어서' '잘 몰라서' 등등의 이유를 대며 어려움을 하소연하기에 급급했던, 기피 조사 대상 1호였다.

어려운 점은 그뿐만이 아니었다. 발굴 조사 중간에 신임 현장 책임자로 들어갔던 터라 신참에 대한 현장 인부들의 텃세도 있었고, 40명 가까이 되던 발굴 조사 인부들을 8명으로 줄여야 하는 구조 조정의 과정에서는 더 큰 어려움이 있었다. 그러나 무엇보다도 어려웠던 것은 이전 조사 결과에 대한 해석이었다.

또 하나 마음에 걸렸던 것은 지도교수였던 충남대학교 고고학과 박순발 교수님의 '니 알아서 해라'라는 경상도 사투리의 짧은 격려(?)였다. 내가 대학원 진학을 보류하고 1년간 호주에 가게 되었을 때, 그 한마디가 어린 나이에 큰 상처였음은 분명하지만, 한국에 돌아와 대학원에 진학할 때까지 연구원 자리 하나를 비워두신 것을 알고 마음속으로 감사드린 기억이 있다. 그런데 나의 첫 발굴이었던 청동기시대 경작 유적에서도 시종일관 '니 알아서 해라'라고 하셨으니, 그 심적 부담이 만만한 것이 아니었다.

만약 내가 농촌 출신이거나 농사에 대한 경험이 조금이라도 있었다면 농사 유적을 좀 더 이해할 수도 있을 것 같은 안타까운 마음에, 차를 몰고 갈 때면 길옆의 논과 밭에만 시선을 두었고, 조사를 쉬는 날이면 농사를 짓지 않는 주변의 논과 밭을 찾아서 삽질도 해보았다.

그런 시절이었다. 하루 일과를 마치고 숙소로 출발하는데, 라디오에서 봄여름가을겨울의 노래가 흘러나왔다.

현장에서 나온 흙을 천마총의 봉분만큼 높게 쌓아놓았던 그 위로 지는 짙은 석양이 눈에 들어오고, '서툴게 살아왔지만 그리 나쁜 것만은

아니었어. 용기를 위해 브라보!'라는 노랫말이 들렸을 때는 울컥 눈물
이 쏟아질 것만 같았다.

청동기-백제-조선시대 논이 차례로 드러나다

부여 구봉-노화리 유적은 마을 농로를 사이에 두고 동쪽의 규암면 노
화리와 서쪽의 구룡면 구봉리로 나뉘어 있는데, 발굴 조사 범위가 농로
를 기준으로 양쪽 50미터 범위를 포함했기 때문에 명칭을 구봉-노화리
유적이라고 정했다. 부여에서 구룡면으로 들어가는 왕복 4차선 도로 공
사 구간 안에 위치하고 있으며, 현재는 도로 공사가 어느 정도 완료되
어 당시의 풍경을 엿볼 수 있는 길이 없다.

　유적지에서 청동기시대-백제시대-조선시대의 논 경작층이 아래에
서부터 차례대로 확인되었는데, 주목받는 것은 청동기시대 논 경작면
이다.

　부분적으로 논둑도 잘 남아 있고, 무엇보다도 논의 범위를 확장해가
는 과정에서 물을 공급하기 위한 관개 수로의 평면 형태도 모습을 달리
하면서 확장되어가는 모습이 드러났다.

　조사 결과 청동기시대 논 구획의 규모는 대략 4×3미터 정도로 작았
는데, 백제시대에는 23×7미터, 조선시대에 이르면 42×23미터로 커진
다. 이것은 아마 논에 물을 공급하던 관개 체계의 발전과도 관련이 있
을 것이고, 농사 방법의 개량과도 연관이 클 것으로 생각된다.

　기존의 일부 유적에서 청동기시대 경작층이 확인된 예는 몇몇 있었

유적에서 발견된 청동기시대 경작지 모습. 하얀 선이 논둑이다.

지만, 논둑과 관개 수로는 물론이요 청동기시대 사람들의 발자국이 평면적으로 다양하게 확인된 예는 매우 드물다.

주목할 만한 것은 청동기시대 논 아래에서 확인된 나무 조각들이 많이 들어가 있는 자연 수로이다. 이 자연 수로 내부에서도 농사 도구의 하나인 반달형 돌칼이 출토되었다. 따라서 시기적으로 조사된 청동기시대 논보다 이른 시기에 주변에서 그 자연 수로를 활용하여 농사를 지었음을 알 수 있다.

그런데 반달형 돌칼이 출토되었던 자연 수로 내부의 나무 조각들에 대해 연대 측정(방사성탄소연대법)을 해보니, 기원전 1300년을 상회한다는 결과를 얻었다. 이로써 한반도에서 최소한 기원전 1000년경에 이미 논농사가 시작되었다는 사실과, 이를 뒷받침할 수 있는 구체적 근거(반달형 돌칼 등의 논농사 관련 유물)를 함께 소개할 수 있었다.

고고학계에서 가장 각광받고 있는 절대연대측정법(분석 대상의 연대가 언제인지 통계학적 확률을 통해 결정하는 방법으로, 그 결과는 구체적으로 '지금으로부터 몇 년'으로 나옴)은 방사성탄소연대법이다. 그런데 방사성탄소연대법에는 맹점이 있다. 기본적으로 분석 가능한 시료가, 탄소를 함유하고 있는 동물의 뼈, 식물의 잔재 등 생명체의 잔존물에 주로 한정된다.

부여 구봉-노화리 발굴 조사에서는 이와 같은 단점을 보완하여 우리나라 최초로 OSL(광여기루미네선스 연대측정법: 흙 속에 있는 석영의 입자가 햇빛을 마지막으로 받았던 시점이 지금으로부터 몇 년 전인가, 즉 땅 속에 묻힌 때가 언제인

청동기인 발자국(왼쪽)과 소 발자국(오른쪽)

가를 측정하는 방법) 방법을 도입, 토양을 직접 사용하여 연대를 측정하였다. 그 결과, 방사성탄소연대법의 측정값과 연계한 OSL 연구의 기초를 마련할 수 있었다.

일반적으로 논 유적에서는 무덤이나 집터처럼 많은 양의 유물이 출토되지는 않는다. 농사를 짓는 경작면이기 때문이다. 경작 과정에서 논 바닥의 이물질들이 솎아지기도 하고, 대부분은 홍수 등의 자연 재해로 일시에 폐기된다. 그래서인지 2년에 걸친 발굴 조사에서 수습된 유물은 사과 상자로 채 하나가 되지 않는다. 어찌 보면 행운이랄 수도 있다.

그런 가운데, 특별하게 기억되는 것은 청동기인 발자국을 석고로 떴던 것, 그리고 백제시대 우마차의 수레바퀴 자국 근처에서 소 발자국을

백제시대 논에서 확인된 수레바퀴 자국. 하얀 선이 바퀴 자국이다.

지금은 4차선 도로가 뚫린 발굴 유적지

발견하여 석고로 떴던 것이다. 업무 관련이긴 하지만, 청동기인의 발자국을 가지고 있었던 사람은 손꼽아도 몇 명 되지 않을 것이다.

수고한 사람에게 생겨나는 인연

저습지 유적 발굴에 그렇듯 공들이고 마음을 주었던 것은 나뿐만이 아니었던가 보다. 발굴 현장 인원 구조 조정 때 남은 그 여덟 분은 40명 이상의 역할을 해냈고, 지금도 부여 지역에서 진행되는 여러 발굴 조사 현장에서 베테랑으로 일하고 있다는 이야기를 들었다.

당시 발굴 조사를 담당했던 충남대학교 백제연구소는 이후 대전 노은동, 부여 합송리, 대전 계족산성 저수지 등등 저습지 관련 유적들을 잇달아 발굴하였으며, 저습지 발굴 조사 경험을 살려 한국고고학보에 〈유적의 형성과 후 퇴적 과정에 대한 기초적 연구〉라는 제목으로 논문을 게재하였다.

글을 쓰고 있는 지금, 창밖에 장맛비가 쏟아지기 시작했다. 지금처럼 장맛비가 쏟아져 내리는 날이면, 푹푹 발이 빠지는 진흙탕 속에서 비닐로 유적을 다급히 덮던, 삽을 들고 진흙 사이에 배수로를 파던, 현장 컨테이너에서 밤을 새우면서 양수기에 기름을 채우던 기억이 더 생생하게 피어오른다.

그런 인연일까. 난 지금 함안 성산산성 저수지 유적을 발굴하고 있다.

고고학,
상상 이상의 것을 발굴하라

김용민

백제 30대 무왕(600~641) 때 조성된 것으로 추정되는 궁성 유적인 왕궁리 유적은 익산 미륵사지와 함께 아직 풀리지 않은 수수께끼를 간직하고 있는 최대 규모의 백제 유적 중 하나입니다.

호남고속도로 익산 인터체인지에서 익산 시내로 들어가다가 금마면 소재지에서 좌측 전주 방향으로 약 1킬로미터 간 지점에서 왕궁리 유적을 만날 수 있지요. '왕궁리王宮里'라는 지명에서도 알 수 있듯이, 이미 오래전부터 왕궁 터로 알려져 왔던 곳이며,《동국여지승람》이나《세종실록지리지》등의 조선시대 기록에도 고대 왕궁 터로 기록되어 있습니다.

이 유적의 성격에 대해 최근까지 이루어진 연구로는 고조선의 기준 왕箕準王이 남으로 내려와서 세운 도읍성이라는 학설에서부터 마한시대의 왕궁 터, 또는 백제시대의 왕궁 터, 그리고 백제 멸망 이후 후백제 견훤이 쌓은 궁성 터라는 학설까지 꽤나 다양한 이야기가 나오고 있습니다.

왕궁리 유적은 1970년대 첫 발굴 이후, 국립문화재연구소가 1989년부터 본격적으로 발굴을 계속하여 현재 약 3분의 2가량 발굴되었으며, 발굴이 진행되면서 베일에 가려졌던 왕궁리 유적의 실체가 속속 드러나고 있습니다.

속속 드러나는 왕궁리 유적의 비밀

발굴 초기, 왕궁리 유적 한가운데에 서 있는 오층탑 주변부를 조사하여 탑의 북편으로 금당지金堂址와 강당지講堂址를 확인하였습니다. 여기서 발견된 명문銘文 기와를 토대로, 이곳이 '관궁사官宮寺'였음을 밝혀냈지요. 그런데 《삼국사기》 신라 무열왕 661년에는 백제가 망한 후의 불안한 당시 정황을 보여주는 예로서 '금마金馬에 있는 대관사大官寺의 우물이 핏빛으로 변해 넘쳐 다섯 보步를 적시었다'는 기록이 있습니다. 왕궁리에서 발견된 명문기와 중에는 관궁사 이외에 이와 비슷한 의미인 '대관관사大官官寺'라 새겨진 것도 있었는데, 이로써 《삼국사기》에 기록된 '대관사'가 바로 이곳이라는 사실을 알 수 있었습니다.

유적의 외곽에는 남북이 긴 직사각형 모양으로 성벽이 돌아가고 있습니다. 이 성벽은 사각형으로 다듬어진 돌을 바깥 면에 맞추어 쌓고, 안쪽으로는 단단한 흙과 돌을 섞어 채워가며 만들었지요. 성벽의 위쪽 무너져 내린 부분이 기와편으로 덮인 것으로 보아, 본래 성벽의 위쪽은 기와지붕 같은 시설을 하였던 것으로 보입니다. 이는 궁성의 담장과 같은 성격이지요.

궁성은 평면상으로 보면 동서 폭이 약 250미터이고 남북 길이가 약 500미터로, 한 변 길이가 약 250미터 되는 정사각형 2개를 합한 구조입니다. 그리고 궁성 안쪽에는 일정한 비례를 적용해가며 건물과 축대 등을 배치하였습니다.

이처럼 궁성의 모양이 직사각형이고 궁성의 설계에 일정한 비례를 적용하는 방식의 예는 같은 시기인 우리나라 삼국시대 궁성에서는 아직까지 찾아보기 어렵습니다. 반면 중국 한漢나라의 장안성長安城이나 북위시대의 낙양성洛陽城의 경우가 그 모양과 비례에 유사성이 있다고

최대 규모의 백제 유적 중 하나인 왕궁리 유적 전경

하겠습니다. 따라서 당시 문화의 흐름으로 보아 중국 도성제都城制의 영향을 받은 것이 아닌가 생각됩니다.

또한 궁성의 남쪽 성벽에서는 문지門址 3곳이 확인되었습니다. 이 가운데 중앙문으로 들어가면 현재 탑이 서 있는 부분에 도달합니다. 즉, 탑을 포함한 사찰 터가 왕궁성의 중심이 되는 터였다는 얘긴데요, 발굴

왕궁리 오층탑

결과 사찰 건물지보다는 왕궁 건물지가 시기적으로 앞선다는 것이 증명되었습니다. 따라서 현재 남아 있는 탑을 포함한 중심부는 원래는 왕궁과 같은 중요 건물이 있었다는 것을 유추할 수 있지요.

결국 지금까지 왕궁리에서 출토된 유물이나 발굴된 유구遺構(인공 흔적이 있는 구조물이나 잔해물) 자료를 종합해보면, 백제 무왕대에 먼저 여기에 왕궁이 들어서고 얼마 뒤 왕궁이 폐쇄되었고, 백제 말기 무렵에는 절터로 그 성격이 변해간 것으로 추정할 수 있겠습니다.

백제 왕궁 터에서 찾아낸 화장실

2003년의 일입니다. 발굴 도중 재미있는 유구가 확인되었습니다. 나중에 밝혀진 사실이지만, 백제 당시에 사용했던 화장실이 발굴된 것입니다.

왕궁성 안쪽의 서북편 일대에는 평평한 대지가 자리하고 있었는데, 발굴 결과 금·은·유리 제품 등을 만들던 공방 흔적이 나타났습니다. 공방의 남쪽에 인접해서는 동서 방향으로 큰 배수 시설이 드러났는데, 배수로 남쪽 가까이에서 배수로와 나란히 화장실 3곳이 확인되었습니다.

화장실의 구조는 제일 큰 것이 깊이 약 3미터, 폭 약 1.8미터, 길이 약 10미터의 긴 타원형 구덩이로, 좌우 벽에 나무기둥을 세워 올린 뒤 지상에 간단한 구조의 화장실 건물을 만들었을 것으로 생각됩니다.

화장실 구덩이의 어깨 높이 부분에 작은 배수로를 두어 오물이 어느 정도 차면 배수로를 통해 오수가 빠져나가 큰 배수로에 연결, 처리되도록 하였습니다. 오늘날 화장실의 정화조 기능을 하고 있다고 볼 수 있겠습니다. 간단한 구조이지만 매우 과학적으로 고안되었습니다.

화장실 내부에서 채취한 퇴적토를 현미경으로 관찰하여, 회충·편충·간흡충과 같은 기생충 알을 다량 확인할 수 있었습니다. 기생충 알 중에 회충과 편충은 오염된 야채를 먹었을 때 생길 수 있고, 간흡충은 민물고기를 생식했을 때 생길 수 있다고 합니다. 그런데 소고기나 돼지고기를 먹었을 때 생길 수 있는 조충(촌충이라고도 함) 알은 발견되지 않아서 아마도 육식은 하지 않았던 것이 아니냐 하는 추론을 할 수도 있습니다. 그런데 조충 알은 껍질이 약해서 파괴되기가 쉽습니다. 따라서 오랜 시간이 지나서 발견되지 않은 것일 수도 있기 때문에 이것만 가지고 채식주의라 단정하기는 어렵습니다. 다만 적어도 이곳 왕궁리에서는 채식 위주의 식생활을 했을 가능성이 있다고 볼 수 있습니다.

또 퇴적토에서 당시 뒤처리용으로 사용된 나무막대기를 발견하여 유구의 성격을 더 잘 알 수 있게 되었습니다. 이 나무막대기는 종이가 없던 시절에 화장지 대용으로 사용된 것으로, 막대기의 고운 표면을 문질러서 용변 후 뒤처리를 했던 것이지요. 그리고 화장실 주변에 물이 담긴 항아리를 놓아 막대기를 헹구어 다시 사용할 수 있도록 하였습니다. 그래서 화장실 고고학이 우리보다 먼저 발전한 일본에서는 이러한 뒤처리용 막대기가 나오면 화장실 터로 단정하는 결정적 증거로 삼습니다.

우리나라에서는 그동안 이러한 화장실이 발견된 예가 거의 없었습니다. 그렇지만 일본에서는 이와 유사한 화장실 유구가 상당히 확인되었으며, 특히 후쿠오카에 있는 고로칸鴻臚館 유적에서는 8세기경의 화장실이 발견되었습니다. 앞으로 좋은 비교 사례가 될 것입니다.

상상하여 그린 왕궁리 유적 화장실(위)

왕궁 터에서 발견된 화장실 유적(아래)

또한 부여 관북리 등에서 발굴된 개인용 변기(손잡이가 달렸으며 중국 도자기를 모방함)의 예로 미루어보건대, 왕궁리 화장실은 아마도 공방 생활을 하던 당시 장인들이 이용하던 공동 화장실이 아닐까 생각해봅니다.

진일보하는 과학 기술, 고대의 베일을 벗기다

왕궁리 유적에서 발굴된 백제시대 화장실 유구로 말미암아, 우리는 그동안 잘 알 수 없었던 우리나라 고대 화장실의 실체를 알게 되었고, 또한 내부 퇴적토를 분석하여 백제인의 식생활 및 질병 등과 관련된 여러 가지 정보를 얻어냈습니다. 이러한 연구는 발굴된 고고학 자료를 과학적 연구와 분석으로 해석한 좋은 사례라 할 수 있겠습니다.

최근 매장 문화재를 주로 연구하는 고고학에 동원되는 과학 기술은 이렇듯 진일보하고 있습니다. 토기나 기와 등의 유물에 대한 분석뿐만

부여 관북리에서 발굴된 손잡이 달린 개인용 변기

아니라 토양 분석이나 유기물 분석, 또는 인골의 DNA 분석 등 다양한 자연과학적 분석을 시도하고 있지요. 이를 통해 고대인들의 생활 패턴이나 당시의 환경, 그리고 고대 문화의 형성 및 변화 과정을 알 수 있는 다양한 정보를 얻어내는 성과를 거두고 있습니다.

고고학은 이제 더 이상 고리타분한 학문이 아니라 상상 이상의 것을 발견해내는 매우 흥미로운 분야로 자리 잡아가고 있습니다. 고고학의 눈부신 성과로 고대 역사와 문화에 대한 갈증이 통쾌하게 해소될 그날을 기다립니다.

3

공부하다

그리고

함께하다

〈왕의 남자〉, 사실과 허구 사이

/김은영

어느 날 친구가 영화 〈왕의 남자〉를 보고 와서는, 저에게 묻더군요. "왕 앞에서 공연할 수 있었어? 그것도 왕의 면전에서 왕에 대한 풍자를? 우리나라에서도 경극을 했나? 정말 궁 안에 놀이꾼이 살았어?"

인기를 끄는 사극이 등장할 때마다 단골처럼 등장하는 '사실과 허구 사이의 공방'은 어쩌면 전혀 중요하지 않은 부분일 수도 있습니다. 사극은 역사적 사실을 소재로 하지만 궁극적으로는 창작의 산물이니까요. 그러나 도대체 어디까지가 사실이고 또 어느 부분은 허구인지 궁금해하는 것 또한 호기심 많은 이들로선 당연한 일일 것입니다. 저의 공부가 짧아 속 시원한 대답이 가능할지 모르겠으나, 시작해보도록 하겠습니다.

우선 본론으로 들어가기 전에, 이준기가 연기한 공길, 감우성이 연기한 징생에 관한 기록을 볼까요?

전교하기를 "《주례》에 방상시가 나儺를 주관하여 역귀를 몰아낸다고 하였으니, 축역逐疫 행사와 나儺는 원래 두 가지 일이 아니다. 나라의 풍속에 축역 행사가 있는데 또 나례儺禮를 벌이고 있다. 축역 행사는 옛 재앙을 몰아내고 새 경사를 맞이하는 일이니 풍속대로 해도 괜찮겠지만 나례 같은 행사는 모두 배우들의 놀음이니 한 가지도 볼 만한 것이 없다. 뿐만 아니라 배우들이 서울에 무리 지어 도적이 되고 마니, 앞으로 나례를 베풀지 말아 옛 폐단을 고치게 하라" 하였다.

이보다 앞서 배우 공길이 노유희老儒戲(양반을 조롱거리로 삼는 연희)를 하며 하는 말이, "전하는 요순堯舜 같은 임금이요, 저는 고요皐陶 같은 신하입니다. 요순은 언제나 있을 수 있지는 않지만 고요는 언제나 있을 수 있습니다"하였다. 또한 《논어》를 외워 말하기를, "임금은 임금다워야 하고 신하는 신하다워야 하고 아비는 아비다워야 하고 자식은 자식다워야 한다. 임금이 임금답지 못하고 신하가 신하답지 않으니 비록 곡식이 있은들 먹을 수가 있으랴"하니, 왕은 그 말이 불경한 데 가깝다 하여 곤장을 쳐서 먼 곳으로 유배하였다.

– 《연산군일기》 권60, 연산군 11년(1505) 12월 29일

장생長生은 어떤 사람인지 알지 못한다. …(중략)… 이야기와 웃기를 잘했으며, 특히 노래를 잘 불렀다. 노래를 하면 애처로워 남의 마음을 움직였

영화 〈왕의 남자〉 포스터

다. …(중략)… 술을 보면 번번이 끌어당겨 가득 채우고 노래를 불러 그 흥이 다하고서야 돌아갔다. 혹은 술이 반쯤 취하면 눈먼 점쟁이, 술 취한 무당, 게으른 선비, 소박맞은 여편네, 밥 비렁뱅이, 늙은 젖어미들의 시늉을 하되, 가끔 실물에 가깝고, 또 얼굴 표정으로 십팔나한을 흉내 내되 흡사하지 않음이 없고, 학 따위의 소리를 짓되 참인지 거짓인지를 분간하기가 어려웠으며, 밤에 닭 울음, 개 짖는 소리를 흉내 내면 이웃집 개와 닭이 모두 따라서 우짖었다.

– 허균, 《성소부부고惺所覆瓿藁》

이 기록을 통해 볼 때 영화 속 공길과 장생은 실존했던 인물인 것으로 보입니다. 그렇지만 공길과 장생의 은밀한 관계는 작가의 상상이라는 점은 지적해두어야 할 것 같군요.

하나, 천민이 감히 왕 앞에서 공연하다니

광대, 즉 배우들은 수척水尺(백정)과 무계巫界로 최하층 천민이었습니다. 이런 천민이 왕 앞에서 공연할 수 있었을까요? 결론부터 이야기하자면, '그렇다'입니다.

섣달 그믐날 밤 궁에서는 '나례'라는 액막이 행사를 했습니다. 중국에서 춘추시대(기원전 770~기원전 475) 이전부터 귀신과 역병을 몰아내고 복을 구하며 재앙을 떨치는 세시 무속 의식을 하였는데, 한나라 이후로 규모가 커지고 예절과 의식의 요소가 증가하면서 '나의儺儀' 또는 '나례'라

부르기 시작했지요. 이후 나례는 궁중의 정기 의례로 자리 잡아 송나라 때까지 계속되었습니다. 후대로 갈수록 신비하고 장중한 의식의 성격이 약화되고 가무와 오락의 비중이 커집니다.

나례에 대한 우리나라의 첫 기록은 《고려사》에 '고려시대 정종 6년 (1040) 중국의 궁중 나례가 고려의 궁중 나례에 수입되었다'는 것이지만, 이미 그 이전에 들어왔으리라 여겨집니다. 우리나라에서도 귀신을 쫓는 의식보다 잡희의 비중이 커지면서, 종합 오락물의 대명사로 '나례희儺禮戲', 즉 '나희儺戲'라는 말이 자리 잡은 것으로 보입니다.

나례와 관련된 용어로 '구나驅儺' '관나觀儺' '설나設儺' 같은 것이 있는데, 그 내용은 조금씩 다릅니다. 구나는 나례의 본래 의미인 역귀를 쫓는 의식을 말하며, 관나와 설나는 순전히 공연 오락물로서, 관나는 임금이 배우들의 놀이를 구경하는 공식적인 오락 행사를, 설나는 중요한 행차를 환영하고 칭송하기 위한 의전 행사를 말합니다.

영화 〈왕의 남자〉에 나오는 연희의 형태는 관나라 할 수 있습니다. 다음 사료를 통해 관나가 정치적인 이유로 행해졌음을 알 수 있습니다.

임금이 충순당에서 나儺를 구경하였다. …(중략)… 사관史官은 말한다. "임금은 깊숙한 대궐 안에 앉아 있으면서 정사의 잘잘못이나 풍속이 좋은가 나쁜가에 대하여 알 길이 없기 때문에 비록 배우들의 말이지만, 은근히 잘못된 것을 깨우쳐주는 뜻이 있어 역시 참작하지 않을 수 없는 일이다. 이것이 나례를 설치하는 까닭이다. 그런데 말세에 와서 그 본의를 놓쳐버리고 그저 기이하고 음란한 재주로 사람의 마음과 눈을 들뜨게 만들고 방탕한

데로 이끌어가고 있으니 그런 놀이를 차라리 하지 않는 것이 좋겠다."

– 《명종실록》 권27, 명종 16년(1561) 12월 29일

관나는 임금이 '정사의 잘잘못이나 풍속이 좋은가 나쁜가를 알기 위해' 공식적으로 벌이는 행사였습니다. 이때 12면으로 된 나무막대기를 던져 승부를 가리는 '윤목희輪木戲'나 운자韻字를 내어 시를 지어 상벌을 주는 놀이 등을 함으로써, 임금과 신하 간의 격식 없는 친목 도모가 이뤄지기도 했습니다. 또 대비나 초청받은 내외의 부인까지도 이러한 놀이를 구경했습니다. 물론 이들 부녀자들은 놀이가 벌어지는 공간과 조금 떨어진 장소나 협실에 발을 치고서 말입니다.

그러나 사관의 우려처럼 지나치게 놀이 쪽으로 치우치면서 본뜻을 잃는 경우가 많았던 것 같습니다. 때문에 관나를 할 때마다 배우의 희롱에 지나지 않는 나례를 반대하는 상소가 끊임없이 올라왔습니다. 하지만 정작 관나를 하기로 하면 왕과 신하들은 공식적인 관람객으로 자리하게 됩니다. 그리고 이 자리에서 민간의 예능인들은 임금에게 가장 가까이 가는 기회를 얻었습니다.

둘, 왕에 대한 풍자 가능한 일인가

왕의 앞에서 정치 시사적인 내용의 놀이를 하는 관나는 정치 풍자 코미디를 연상시킵니다. 쟁론이 벌어지는 사건이 있을 때마다 이를 조롱하고 풍자함으로써, 사건의 핵심을 날카롭게 찌르는 코미디 말입니다.

〈왕의 남자〉에 등장하는 공길 같은 배우는 다른 왕의 재위 시절에도 존재했습니다. 사료에 등장하는 광대가 공길만이 아니라는 말입니다. 그 이전 함북간咸北間이나 명종 시절의 귀석貴石 역시 유명한 배우였으며, 연산군 시절에는 공길 외에 공결孔潔이라는 배우도 있었습니다.

이들이 벌이는 놀이이자 연극인 우희優戲가 어떤 내용으로 공연되었는지를 보여주는 자료가 조금 남아 있는데, 이를 보면 임금 자신이나 조정 대신들까지 그 대상이 되었음을 알 수 있습니다. 관나의 표면적인 이유가 정치적인 의도에서 비롯되었고, 실제로 이들 우희를 보고 잘못을 바로잡는 경우도 심심치 않게 일어났습니다. 물론 우희의 골계, 풍자와 해학은 관객층이 이를 용인할 수 있는 범주 내에서 가능한 것이었기에, 자신을 풍자한 것을 받아들이지 못하는 왕은 자신을 조롱하는 내용에 대한 불편한 심기를 감추지 않고 이들에게 큰 벌을 내리기도 하였습니다. 영화 〈왕의 남자〉의 공길은 영화에서는 그렇지 않았으나 실상은, 연산군을 비판하는 우희로 유배를 당하기도 하였고, 공결 역시도 곤장을 맞아야만 했습니다.

다음은 연산군 시대의 또 다른 배우 공결이 연산군을 풍자하는 기록입니다.

왕이 나례를 인양전仁陽殿에서 구경하고 전교하기를, "금일 나례를 구경할 때, 배우 공결이란 자가, 이신李紳의 민농시憫農詩(농사의 고달픔을 읊은 시)를 외우기를,

벼를 김매는데 오정이 되니

벼 포기 아래로 땀이 떨어지누나.

그 누가 알아주랴, 소반 위의 쌀밥이

한 알, 두 알 모두가 신고인 것을.

하고, 또 삼강령三綱領·팔조목八條目 등의 말을 논하므로, 승전색承傳色을 시켜 묻기를, '네가 문자를 아느냐. 글은 몇 책이나 읽었느냐' 하니, 공결이 서서 대답하기를, '글은 알지 못하고, 전해들은 것뿐입니다' 하고, 물러가 놀이를 하라 하여도 따르지 않았으니 자못 무례하다. 의금부에 내려서 형

2007년 추석 경복궁 근정문 앞에서의 남사당 놀이

장 60대를 때려 역졸驛卒에 소속시키라" 하니, 승지 등이 아뢰기를, "공결
은 배우로서 놀이하는 것을 알 뿐입니다. 어찌 예절로 책망하오리까."

-《연산군일기》권35, 연산군 5년(1499) 12월 30일

'삼강령'과 '팔조목'은 《대학》에서 밝히고 있는 학문의 목적과 방법
으로, '명명덕明明德 · 친민親民 · 지어지선止於至善'이 삼강령이요, '평천
하平天下 · 치국治國 · 제가齊家 · 수신修身 · 정심正心 · 성의誠意 · 치지致知 ·
격물格物'이 팔조목입니다. 이를 들어 자신을 풍자하니 연산군이 참지
못하여 그에게 곤장을 치라 명하고, 옆의 신하들은 그저 배우의 역할을
다한 것이니 그를 탓할 수 없다 한 것입니다.

때문에 풍자의 초점은 대부분 왕이 아니라 탐관오리의 부패와 횡포
에 맞추어졌습니다. 노유희老儒戲, 즉 양반(儒者)을 조롱거리로 삼는 연
희는 가장 중요한 우희입니다. 현전하는 여러 가면극, 특히 '봉산탈춤'
에서 양반을 통렬하게 비판하며 한낱 조롱거리로 전락시키는 내용은
익히 들었을 겁니다.

공헌대왕恭憲大王이 대비전大妃殿을 위하여 대궐 내에서 진풍정進豐呈을 펼
쳤다. 서울의 배우인 귀석貴石이 배우희俳優戲를 잘하여 진풍정에 나갔다.
풀을 묶어 꾸러미 네 개를 만들었는데 큰 것이 두 개, 중간 것이 하나, 작은
것이 하나였다. (귀석이) 자칭 수령이라 하며 동헌에 앉아서 진봉색리進奉
色吏를 불렀다. 한 배우가 자칭 진봉색리라 하고 무릎으로 기어 앞으로 나
왔다. 귀석이 소리를 낮추고 큰 꾸러미 하나를 들어 그에게 주며 말하기를,

"이것은 이조판서에게 드려라" 하고 또 큰 꾸러미 하나를 들어 그에게 주며 말하기를, "이것은 병조판서에게 드려라" 하였다. 또한 중간 것 하나를 주며 말하기를, "이것은 대사헌에게 드려라" 하였다. 그리고 작은 꾸러미를 주면서 "이것은 임금께 진상하여라" 하였다.

– 유몽인, 《어우야담於于野談》

중종 때 정평부사 구세장具世璋은 탐욕스럽기가 끝이 없었다. 어떤 말안장 파는 사람을 관가의 뜰로 끌고 들어가서 친히 값을 흥정하면서 싸다느니 비싸다느니 따지기를 며칠이나 하다가 끝내 관가의 돈으로 샀다. 배우가 세시에 그 상황을 놀이로 만들었는데, 임금이 묻자 대답하기를, "정평부사가 말안장을 산 일입니다" 하였다. 마침내 명을 내려 그를 잡아다가 심문을 하고 처벌했다. 배우 같은 자도 능히 탐관오리를 규탄하고 공박할 수 있다.

– 어숙권, 《패관잡기稗官雜記》

임금이 심기가 불편하여 침울함을 참고 있다가 명을 내려 창우희倡優戱를 펼치게 하였다. 임금이 웃음을 보이지 않자 배우가 간청하여 이조와 병조의 도목정사都目政事 놀이를 행하였다.
자리를 마련하여 급제자에게 벼슬을 선정해주는 즈음에 이조판서라는 자가 장부를 들고 병조판서더러 말하였다.
"대감은 들으시오. 내게는 조카가 있는데 문文에도 무武에도 쓸 만한 재주가 없소이다. …(중략)… 듣자하니 사산감역四山監役에 빈자리가 있다고 하는데 대감이 배려해주지 않겠소?"

병조판서가 눈을 껌벅이며 웃고 대답했다.

"그렇게 합죠."

곧이어 병조판서가 장부를 이조판서에게 말했다.

"내 셋째 사위가 재주와 인물됨이 대감의 조카와 꼭 같은데…… 선공감

역膳工監役에 자리가 있다는데 대감께서 배려해주시오."

이조판서가 웃으며 말했다.

"내가 감히 따르지 않을 수 있겠소."

덕수궁 중화문 앞에서 벌이는 봉산탈춤

…(중략)…

병조판서가 크게 웃으면서 말했다.

"말씀 마시오, 말씀 마시오. 서로 손을 바꿔 하는 일인데 뭐가 어렵겠소. 뭐가 어렵겠소."

– 작자 미상, 《지양만록芝陽漫錄》

　유몽인柳夢寅(1559~1623)의 《어우야담》이나 어숙권魚叔權(생몰년 미상, 1500년대)의 《패관잡기》는 역사적 사건이나 인물에 관해 민간에 전해져 내려오는 이야기인 야담野談을 수록한 책이며, 마지막 《지양만록》은 조선 태조에서 정조까지의 역사적 사실을 편년체로 엮은 사서로 18세기 후반에 편찬된 것으로 보입니다.

　《어우야담》의 우희는 수령이 국가 중요 행사에 소용되는 물품을 진상하는 공식적인 의무보다는 사사로운 뇌물에 더욱 신경을 쓰는 현실을 반영한 것이고, 《패관잡기》의 예는 공금 횡령에 대한 내용이며, 《지양만록》의 기록은 고위직 인사의 인사 청탁에 대한 내용입니다. 어려운 한자 용어가 많이 나옵니다만, 몇 가지만 짚고 넘어가지요. '진봉색리進奉色吏'는 진상품을 조달하던 말단 이속을 말하며, '도목정사都目政事'란 해마다 음력 유월과 섣달에 벼슬아치의 근무 성적이나 공과功過 유무에 따라 벼슬을 떼거나 올리던 일을 말합니다.

　이들 우희는 지금 우리가 거의 매일 접하다시피 하는 신문기사와 비슷하니, 지금에 와서도 충분히 현실감 있게 다가오는군요.

셋, 경극이 우리나라에서도 연행되었을까?

〈왕의 남자〉에서는 짧지만, 매우 다양한 종류의 연희가 펼쳐집니다. 줄타기, 방울받기, 땅재주, 접시돌리기, 그리고 그림자와 손가락 인형극 등이 그것입니다. 이들 놀이를 '산악백희散樂百戲'라고 하는데, 명절마다 텔레비전에서 꼭 한 번은 방영해주는 서커스 공연과 크게 다르지 않습니다. 곡예, 기예, 놀이, 연극의 총칭인 산악백희는 줄타기, 땅재주, 솟대 타기, 방울 받기, 칼 받기, 칼 삼키기, 나무다리 걷기, 환술, 동물 재주 부리기, 배우의 골계희骨稽戲, 괴뢰희傀儡戲(인형극) 등 매우 다양합니다. 이들 산악백희는 고구려 고분 벽화나 중국 한나라 화상석畵像石(돌로 만든 무덤이나 사당의 벽면, 기둥 등에 새겨진 장식 그림을 말하며, 특히 후한시대에 유행), 일본의《신서고악도信西古樂圖》등에서 실제 연희 모습을 확인할 수 있습니다.

산악백희가 동아시아 연극의 발달에서 가장 중요한 모태로 작용했다는 사실은 이미 각국 연구자들에 의해 밝혀졌습니다. 다른 분야도 그렇듯 동아시아의 문화유산은 각기 다른 문화적 토양 위에서 서로 다른 길을 걷게 되는데, 연희 역시 예외가 아닙니다. 중국과 일본의 경우, 경제력을 갖춘 막강한 후원자가 있어 무대 양식으로서 발전합니다. 영화〈패왕별희〉로 대중에게 친숙해진 중국의 경극, 일본의 대표적인 전통 연희인 '노能' '교겐狂言' 등이 대표적인 예입니다. 특히 경극은 불 토해내기, 물구나무서기, 공중제비, 몸을 자유자재로 구부리는 유술柔術, 창칼 재주 부리기 등 다양한 연희가 양식화된 무대 예술입니다. 이에 반해, 우

남사당 놀이 중 줄타기

리나라는 무대화 과정 없이 민간 예술 차원에서 연행되었습니다.

당시 문화 교류는 우리가 상상하는 것 이상으로 훨씬 더 광범위하고 다양하게 이루어졌으리라 추측됩니다. 그렇다면 과연 〈왕의 남자〉에서 처럼 우리나라에서도 경극이 연행되었을까요? 아쉽지만 현재 기록으로 조선과 명·청 시대의 연희 문화 교류 양상에 대해 정확하게 확인하기는 매우 어려운 일입니다.

조선은 유교로 통치되는 국가로 교훈적인 내용이나 연희를 금하는 내용이 포함되지 않고는 기록조차 될 수 없는 것이 당시 상황이었으며, 그나마 연희 자체에 대한 기록도 단편적인 기술뿐이므로, 궁중에서 행해진 연희의 전모를 조명하기 힘듭니다. 더불어 1980년대 탈춤 연구에서 민중 의식의 성장이라는 다소 편향된 시각 때문에, 궁중 연희에 대한 많은 연구가 축적되지 못한 점도 지나칠 수 없겠습니다.

다만, 확실한 것은 경극이 18세기 들어 안휘성安徽省 출신의 극단을 중심으로 북경에서 형성되었으므로, 연산군의 재위 시절인 15세기 말에서 16세기 초에는 경극 자체가 없었다는 점입니다.

넷, 궁궐에 놀이꾼이 살았다?

이미 언급했듯이 중국과 일본의 경우에는 강력한 후원자, 특히 지배층의 후원이 연희 발전에 지대한 공헌을 했습니다. 연희자를 전문적으로 양성하는 국가기관이 있었을 정도이니, 그 지원이 막대했을 것입니다. 그렇다면 우리는 어떠했을까요?

우리나라의 경우, 궁궐에서 호출을 하면 언제든지 달려갈 수 있는 '경중우인京中優人'을 사대문 안에 살게 하는 것에 만족해야 했습니다. 이들은 관나가 있을 경우 동원되었으며, 설나처럼 많은 인원이 필요한 경우에는 충청도, 전라도, 경상도의 '외방재인外方才人'들을 불러 모았습니다.

하지만 이들은 행사가 있기 전에 궁궐에 일정 기간 머물며 연습하였던 것으로 보입니다. 〈왕의 남자〉에서 공길과 장생이 마지막이라 약속한 연희, 그리고 연산군의 광기를 폭발시킨 문제의 공연은, 책의 내용을 공연으로 옮겨 연습한 것으로 나옵니다. 물론 실제로는 그렇게까지 자극적인 내용의 연희는 불가능했겠지만, 특정한 목적을 위해 연희의 주제를 선택하고 연습을 통해 연행되었던 과정은 다음 사료를 통해 충분히 가능성 있는 일로 추측할 수 있습니다.

의금부에서 올린 나례단자를 승정원에 내려 보내면서 말하였다. "…(중략)… 〈빈풍칠월豳風七月〉을 그린 그림은 주공周公이 성왕成王에게 농사의 어려움을 알게 한 것이다. 지금 잡희에서 농사와 누에치는 것을 연출하는 것도 이와 비슷한 뜻이다. …(중략)… 나례가 끝난 뒤에 별로 할 일이 없으니 이것을 본떠 놀이하게 하고 싶다. '칠월류화七月流火'에서 마지막 장의 '착빙충충鑿氷沖沖'까지 미리 연습시키도록 하라."

－《중종실록》 권80, 중종 30년(1535) 10월 15일

〈빈풍칠월〉은《시경詩經》의 편명으로, 주나라 무왕이 죽고 나서 어린

성왕을 섭정하던 주공이 농사의 어려움을 알리기 위해 지은 시를 말합니다. 내용은 농사의 시기에 대한 것으로, 후세에는 이를 그림으로 그려 경계로 삼기도 하였습니다. 이 시가 "칠월에 대화심성大火心星이 서쪽으로 흐르거든〔七月流火〕으로 시작해서, 십이월에 얼음을 떠서〔二之日 鑿氷沖沖〕"로 끝이 나므로, 이를 모두 연희로 각색하여 연습을 시키라는 분부인 것입니다.

또《연산군일기》에 나례를 행하기 2개월 전에 미리 연습하는 것이 관례라는 기록을 볼 때 이들 연희가 배우의 개인기만으로 이루어진 즉석 공연이 아니라, 일정한 연습 기간을 필요로 했으며 대본 및 배우에 관한 일정한 교육이나 정책적인 배려가 더해져 이루어진 사실을 미루어 짐작할 수 있습니다.

진리 탐구 없이는 불가능했던 일

성공하기 위해서는 기본에 충실하라! 〈왕의 남자〉의 흥행에는 분명 특별한 이유가 있었습니다. 잊히고 덮여진 사실을 파헤쳐온 이 분야 연구자들과, 사실과 사실의 빈자리를 예술적 상상력으로 생명을 불어넣은 극작가, 또한 영화적 각색을 통해 또 다른 창작물을 만들어낸 감독에게 경의를 표하는 바입니다.

마지막으로 이 영화를 그저 전적으로 감독의 상상력에 의지했다고 생각하는 관객들에게, 앞으로 이 분야를 공부할 사람으로서 감히 이런 말씀을 드립니다. 소외된 연희문화를 연구한 선학의 연구가 없었다면 우리나라 영화의 흥행신화를 다시 쓴 〈왕의 남자〉 또한 탄생할 수 없었으리라.

어떻게…… 궁금증은 좀 풀리셨는지요.

조선 왕실의
딸을 주목하다

허복수

유교적 신분 질서가 엄격했던 조선시대에 왕과 왕의 아들에 대해서는 적지 않은 역사와 이야기가 전합니다. 왕비와 후궁에 대한 이야기도 적지 않습니다. 그러나 유교적 신분 질서에서 소외된 왕의 딸들에 대한 이야기에는 미처 관심을 기울이지 못했습니다. 근래에 읽은 역사 관련 책 가운데, 마침 왕의 딸에 대해 살펴볼 수 있는 좋은 연구 자료가 있기에, 여기에 그 내용을 소개하여 더 많은 분들과 공감해보고자 합니다. 바로 역사 저술가 박영규 님이 펴낸 《조선의 왕실과 외척》(김영사, 2003)입니다.

왕의 딸은 어떤 대접을 받았나?

'공주公主'와 '옹주翁主', 왕의 딸을 칭하는 대표적인 용어입니다. 조선 초만 해도 제도가 미비하여 공주, 왕녀王女, 궁주宮主, 옹주 등 여러 명칭이 함께 사용되었습니다. 왕의 후궁도 공주라 칭하였으니까요.

성종 때 《경국대전》이 완성되면서 비로소 그 명칭도 통일되었는데, 《경국대전》〈외명부外命婦〉 조에 의하면, 왕의 정실부인이 낳은 딸을 공주라 하고, 후궁이 낳은 딸을 옹주라 하였습니다. 외명부란 작위를 가졌으나 궁궐 바깥에 사는 여성을 일컬으며, 왕과 세자의 딸, 왕비의 어머니와 왕의 유모, 그리고 종친과 문무관의 아내들이 여기에 속합니다.

공주는 품계를 초월하여 외명부의 가장 높은 지위에 있었으며, 혼인도 국법에 따라 치렀습니다. 공주의 남편에게는 종1품 위尉의 벼슬이 주어졌고, 그에 따라 녹봉을 받았습니다. 공주는 내명부內命婦(궐내에서

생활하는 여성 가운데 작위를 가진 사람을 모두 일컬으며, 왕과 세자의 후궁, 세자빈, 세
손빈, 종9품에서 정5품의 작위를 가진 상궁과 나인들이 내명부에 속함), 외명부와 함
께 궁중의 잔치, 왕비의 혼인 및 초상 등 여러 행사에 참석했으며, 죽
으면 예장도감禮葬都監(왕실의 장례를 맡았던 관아) 등을 설치하여 상을 치렀
습니다.

왕의 후궁이 낳은 딸인 옹주도 공주와 마찬가지로 품계를 초월한 무
품 작위로 외명부에 속합니다. 공주와 옹주가 내명부가 아닌 외명부에
속하는 것은 궁에서 자란 뒤에 궁 밖으로 시집을 가기 때문입니다.

공주와 옹주 말고 궁에서 자라 궁 밖으로 출가하는 여자로는 '군주
郡主'와 '현주縣主'가 있습니다. 군주는 세자의 적녀, 현주는 세자의 후

대한제국 시절 공주와 옹주들(사진 제공 : 국립고궁박물관 이혜원)

궁에게서 난 딸을 일컫습니다. 이들은 무품 작위가 아니라 군주의 경우 정2품, 현주는 정3품 당상관에 해당합니다.

이들 왕녀들은 대개 열세 살을 전후해 결혼했습니다. 왕녀의 결혼 적령기가 되면, 금혼령을 내린 뒤 몇 명의 부마 후보를 뽑아 왕과 왕비가 최종 선택하는 과정을 거쳤지만, 대개 부마는 정치적 이해관계를 통해 내정되었습니다. 따라서 공주와 옹주의 처지는 정치 상황에 따라 급변하였지요. 왕녀의 신분이라 할지라도 일단 출가한 뒤에는 남편 집안의 정치적 입지가 그들의 행복과 불행을 결정지었습니다.

그렇더라도 왕녀들의 삶은 시가의 상황 변화보다 친정의 처지에 더 크게 좌우되었습니다. 시가가 정치적으로 몰락하더라도 왕녀는 대체로 신분 보장이 되었지만, 친정이 몰락하는 경우에는 목숨을 부지하기가 힘들었습니다.

성종의 서녀 공신옹주恭慎翁主(생몰 연대 미상)는 어머니 귀인 엄씨가 연산군의 생모를 내쫓는 데 가담한 것에 연좌되어 죽임을 당했고, 광해군과 연산군의 경우 왕이 폐위되자 그 딸들도 서인으로 전락하여 어렵게 살았지요.

왕녀들도 남편의 축첩에 마음이 상하고, 무관심에 눈물을 흘리며 사는 일이 많았나 봅니다. 왕녀들은 재가나 개가도 할 수 없었습니다. 조선시대 일반 민가의 아낙들에게 재혼과 개혼이 허락된 것에 비하면 왕녀들은 결혼 생활의 폭이 좁았습니다.

그러나 당시 일반적인 여성들의 삶에 견주어보면, 왕녀들의 삶은 부유하고 호화로웠으며 평탄했습니다. 왕녀라는 신분 덕분에 늘 특권을 누렸고 경제적으로도 혜택을 누렸으며, 웬만한 잘못을 저질러도 반역이나 불충과 관계된 일이 아니면 형벌을 받는 일이 드물었습니다. 공주와 옹주는 남편의 직책에 따라 경제적 녹봉과 토지를 받았는데, 남편이 죽어도 살아 있을 당시의 남편 직책에 맞는 대접을 받았답니다.

왕실의 딸, 그 파란만장한 삶

고구려의 호동왕자와 낙랑공주, 온달에게 시집간 평강공주, 〈서동요〉에 나오는 백제 무왕과 신라의 선화공주는 너무나 잘 알고 있을 것입니다. 이에 못지않게 역사의 뒤안길에서 파란만장한 삶을 겪어낸 조선의 공주, 그 몇몇의 생애를 주목해보겠습니다.

의친왕의 6자 이명길의 결혼식에 참석한 공주와 옹주들(사진 제공 : 국립고궁박물관 이혜원)

경순공주慶順公主, ?~태종 7년(1407)

태조 이성계의 셋째 딸로, 태조의 계비 신덕왕후 강씨의 소생이자 무안대군 방번과 의안대군 방석의 동복누이입니다. 개국 공신인 흥안군 이제李濟에게 출가하였는데, 태조 7년(1398) 제1차 왕자의 난 때 남편인 이제와 두 남동생 방번과 방석이 방원(뒷날 태종이 됨)에 의해 죽자, 이듬해에 태조가 친히 경순공주로 하여금 여승이 되게 하였지요.

정순공주貞順公主, 고려 우왕 11년(1385)~세조 6년(1460)

제3대 태종의 맏딸로, 어머니는 원경왕후 민씨입니다. 정종 1년(1399) 영의정 이거이李居易의 아들인 이백강李伯剛에게 출가하였습니다. 태종 즉위년(1400) 11월 태종의 즉위와 함께 정순공주에 봉해지고, 이후 태종·세종·문종·단종·세조의 두터운 은총을 받았으나, 문종 1년(1451)과 세조 1년(1455)에 남편과 사위를 연이어 여의는 고통을 당하면서 쓸쓸한 만년을 보냅니다. 슬하에 딸 하나를 두었는데, 딸은 고려시대 최고의 시인 목은 이색李穡(1328~1396)의 손자 이계린李季璘에게 출가했습니다.

의순공주義順公主, ?~현종 3년(1662)

조선 후기 왕족인 금림군 이개윤李愷胤의 딸입니다. 제17대 효종 1년(1650) 청나라의 황자皇子 구왕九王으로부터 조선의 공주를 얻어 결혼하겠다는 요청이 있자, 조정에서는 그를 뽑아 공주로 봉하고 사신 원두표元斗杓와 함께 청으로 보냈습니다. 용모가 아름답지 못한 탓으로 구왕의 총애를 받지 못하였는데, 청나라에 당도한 이듬해에 구왕이 황제의 자리를 엿본다는 혐의를 받아 반역죄로 몰리면서 구왕의 부인들이 여러 왕족과 장수들에게로 나뉠 때, 구왕의 부하장수에게 넘겨졌습니다. 그 뒤 아버지인 금림군이 사신이 되어 청나라로 왔을 때 간청하여 환국을 허락 받아 현종 7년(1656) 함께 돌아옵니다. 정치적 이유로 불운한 인생을 보낸 전형적인 공주이지요.

정명공주貞明公主, 선조 36년(1603)~숙종 11년(1685)

제14대 선조의 첫째 공주로, 어머니는 영돈녕부사 김제남金悌男의 딸 인목왕후 김씨입니다. 광해군이 즉위하여 영창대군을 역모 죄로 사사하고 계비 인목대비를 폐출시켜 서궁西宮에 감금할 때, 공주도 폐서인廢庶人되어 서궁에 감금되었습니다. 반정으로 인조가 즉위하면서 공주로 복권되고, 인조 1년(1623) 동지중추부사 홍영洪霙의 아들인 홍주원洪柱元에게 시집갑니다. 효종이 즉위한 뒤 어머니인 인목대비가 죽고 궁중에서 백서帛書(비단에 쓴 글)가 나왔는데, 인조를 비방하는 듯한 내용 때문에 공주도 효종의 의심을 받아 공주의 궁인이 고문을 받아 죽기도 하였습니다. 그러나 제19대 숙종이 즉위하자 다시 종친으로 후대를 받았습니다. 숙종 때의 이조참판 홍석보洪錫輔가 증손이며, 수찬修撰(홍문관의 정6품 벼슬) 이인검李仁儉이 외증손입니다.

화순옹주和順翁主, 숙종 46년(1720)~영조 34년(1758)

27명의 조선 역대 왕 가운데 가장 오래 재위한 제21대 영조는 모두

추사고택 옆 김한신과 화순옹주의 묘소 입구에 있는 열녀정문

7명의 딸을 낳았는데, 모두 후궁의 몸에서 낳았으므로 옹주가 됩니다. 그 중 정빈 이씨가 낳은 화순옹주는 조선 왕실 여인 중 유일하게 열녀문을 받았습니다. 경주 김씨 김한신金漢藎에게 출가했는데, 김한신은 명필로 이름난 김정희金正喜의 증조부입니다. 성품이 어질고 정숙한 화순옹주는 남편이 38세라는 젊은 나이로 죽자, 일절 곡기를 끊고 물 한 방울도 입에 대지 않고 통곡하다가 결국 10여 일 만에 남편을 따라 죽고 맙니다. 영조는 음식을 먹고 기운을 차리라 여러 차례 일렀으나 끝내 자신의 명을 거부한 채 죽은 화순옹주에게 열녀문을 내리지 않았습니다. 지금 충남 예산군 신암면 용궁리 추사고택 옆 묘소 입구에 남아 있는 열녀정문은 영조의 손자인 정조가 내린 것입니다.

남양주시 금곡동에 있는 덕혜옹주의 묘

덕혜옹주德惠翁主, 1912~1989년

　고종과 후궁인 복녕당 양귀인 사이에서 태어난 덕혜옹주는 고종황제가 즉조당에 유치원을 만들 정도로 지극한 사랑을 받았습니다. 그러다 6세 때 일본 황실 황녀로 정식 입적, 서울의 히노데日出 소학교를 거쳐 일본으로 건너갑니다. 1925년 도쿄 학습원에 입학하였지만 학교생활에 적응하지 못하였고, 1930년에는 모친인 복녕당 양씨가 죽자 정신분열증(조발성 치매증) 증세까지 보입니다. 1931년 백작 '소 다케유키'와 강제 결혼하여 딸 '마사에'를 낳았으나 1953년에 이혼, 1955년에는 딸이 행방불명되는 등 불행이 이어졌습니다. 1962년 귀국 후 한국에서의 생활도 순탄하지 않아 의민태자비 이방자 일가 및 유모 변복동 여사와 함께 창덕궁에 기거하며 실어증과 지병으로 고생하다, 1989년 창덕궁 수강재壽康齋에서 생을 마칩니다. 조선의 마지막 황녀 덕혜옹주의 무덤은 현재 남양주시 금곡동에 있는 홍릉洪陵(고종과 명성황후 민씨의 능)·유릉裕陵(순종과 순명효황후 민씨, 순정효황후 윤씨의 능)의 안쪽 산기슭에 있습니다.

　공주 4명과 옹주 2명의 생을 간단하게 살펴보았습니다. 조선왕조의 왕계도에서 공주와 옹주를 세어보니 98명이더군요. 그 중 대부분은 행복한 공주님이었기를 바라는 마음입니다.

건원릉
억새풀을 지켜라

구리시 북서쪽에 위치해 있는 동구릉은 태조 이성계를 비롯한 조선 왕과 왕비 17분이 모셔진 조선 왕실 최대의 가족묘(왕릉)입니다.

태조 건원릉 / 제5대 문종 및 현덕왕후 권씨의 현릉 / 제14대 선조 및 의인왕후 박씨, 계비 인목왕후 김씨의 목릉 / 제16대 인조계비 장렬왕후 조씨의 휘릉 / 제18대 현종 및 명성왕후 김씨의 숭릉 / 제20대 경종 비 단의왕후 심씨의 혜릉 / 제21대 영조 및 계비 정순왕후 김씨의 원릉 / 제24대 헌종 및 효현왕후 김씨, 계비 효정왕후 홍씨의 경릉 / 추존왕 문조 및 신정왕후 조씨(제24대 헌종의 부모)의 수릉 등 모두 아홉 개의 능이 자리 잡고 있지요.

이곳을 동구릉이라 부른 것은 추존왕 문조의 능인 수릉이 아홉 번째로 조성되던 철종 6년 이후의 일로, 그 이전에는 동오릉東伍陵, 동칠릉東七陵이라 불렸답니다. 동쪽에 아홉 개의 왕릉이 있다는 뜻으로 동구릉東九陵이라 부른 이유를 짐작하시겠지요?

동구릉이 처음 능지로 조성된 것이 태종 8년(1408)의 일이고, 마지막으로 수릉이 조성된 것이 철종 6년(1855)의 일이니, 이곳 동구릉은 450여 년간에 걸쳐 조성된 셈입니다. 조선 왕조의 역사가 518년인 것에 견주면 동구릉은 실로 조선 왕조 500년의 부침을 겪어낸 매우 소중한 역사 공간이라 할 수 있습니다. 또한 조선 초기부터 후기에 이르기까지 능묘 제도의 변화를 살필 수 있는 문화유산이기도 합니다.

가정에서 조상에게 제사를 지내는 것과 마찬가지로 왕릉에서도 일년에 한 번은 제사를 지냅니다. 왕릉에서는 '제향祭享'(나라에서 지내는 제사)이라는 제례 의식을 치르지요. 각 봉향회奉香會별로 구성된 전주 이씨 종친들이 제향을 지내는데, 건원릉에서는 매년 6월 27일(양력) 전주이씨대동종약원 주관으로 산릉제례山陵祭禮(옛날 형식으로 제사를 재현)를 거행하고 있습니다. 관심 있는 분은 기억해두었다가 가족과 함께 방문하여 좋은 추억거리를 만들어도 좋을 것 같습니다. 오는 손님이 대략 2000명 내외로, 전국 각지의 전주 이씨 종친뿐 아니라 일반 남녀노소, 학생 등 다양한 계층의 참배객들이 참관하고 있습니다.

동구릉을 관람하다 보면 가장 깊숙한 곳에 억새풀이 무성하게 자라고 있는 봉분을 볼 수 있습니다. 태조 이성계가 묻힌 건원릉입니다. 명색이 한 나라의 문을 연, 그것도 나는 새도 떨어뜨릴 만큼 위세 당당했던 태조 이성계의 무덤인데, 어찌 벌초도 하지 않은 상태로 둘 수 있을까요? 설마 왕릉을 그렇게 관리하겠는가 믿기지 않는 분들은 직접 방

태조 건원릉

문하여 확인해보아도 시간이 아깝지 않을 겁니다.

　이번 기회에 건원릉 봉분의 억새에 대한 의문을 해소하고, 주위 분들에게도 널리 알리어 유쾌한 담소의 시간을 마련하면 좋겠습니다. 참고로, 억새풀은 벼과의 여러해살이풀로 들이나 물가에 자라며, 참억새와 비슷해 꽃 이삭이 좀 짧고, 잔 이삭은 까끄라기가 없습니다.

건원릉 봉분은 벌초도 하지 않는다?

태조는 고려 충숙왕 복위 4년(1335) 10월 11일에 화령부和寧府(지금의 함경도 영흥)에서 탄생하였습니다. 어려서부터 용맹스럽게 활 솜씨가 뛰어났으며, 백두산과 압록강, 두만강 일대를 무예를 익히는 수련장으로 삼

건원릉 산릉제례

았지요.

태종 8년(1408) 5월 24일 창덕궁의 별전에서 돌아가셨는데, 그해 9월 9일 자시(23~1시)에 왕이 영구靈柩를 받들어 임광제臨壙祭(광壙 : 시신을 묻기 위해 판 구덩이)를 행하고 현궁玄宮(임금의 관을 묻던 광중壙中)을 검암儉岩(검암산)의 계좌정향癸坐丁向(북북동에서 남남서 방향)에 봉안奉安하였습니다.

항상 고향 함흥을 그리워했던 태조는 '내 죽으면 함흥 땅에 묻어달라' 유언하였다고 합니다. 그러나 태종이 아버지 태조를 한양(서울)에서 몇 백 리나 멀리 떨어진 함흥 땅에 묻는다는 것은 누가 보더라도 모양새가 좋지 않고, 또 '함흥차사咸興差使'라는 말이 도는 것도 꺼려지던 차라 유언을 따르지 않았습니다.

함흥차사란 말 그대로 함흥으로 보낸 차사差使(중요한 임무를 위하여 파견하는 임시직)를 이릅니다. 태종이 함흥에 머물고 있는 이성계를 모셔 오기 위해 보낸 사신이지요. 왕자의 난으로 두 아들 방번, 방석과 정도전 등 심복을 잃은 태조 이성계는, 정종에게 왕위를 양위한 뒤로 고향 함흥에서 머물고 있었습니다. 왕위에 오른 이방원, 곧 태종은 아버지의 노여움을 조금이라도 풀어주고자 함흥으로 여러 차례 차사를 보냈지만, 이성계는 번번이 사신들을 잡아 가두고 돌려보내지 않았습니다. 이후로 소식도 없이 돌아오지 않거나 회답이 더딜 때는 함흥차사라는 말을 쓰게 되었지요.

건원릉에 억새풀이 자라는 것은 태조 이성계가 죽은 뒤 고향인 함흥 땅에 묻히기를 원했으나, 뜻을 따르지 못한 아들 태종이 묘에나마 함흥 땅의 억새풀로 봉분을 했기 때문입니다.

건원릉 봉분의 무성한 억새풀

　보통은 추석을 전후한 무렵에 벌초를 합니다만, 동구릉 관리사무소에서는 가을이 지나도 그대로 두었다가, 겨울이 지나고 한식이 되어서야 한 차례 벌초를 합니다. 억새풀은 자르면 죽어버리는 성질이 있기 때문입니다.

　한식이나 청명이 되면, 관리사무소 직원들은 마른 명태를 놓고 막걸리도 한 잔 부어놓은 뒤 정중히 재배를 드립니다. 억새풀을 자르면서 땀방울이 송골송골해진 뒤에 마시는 막걸리 한 잔의 맛은 정말로 일품입니다.

　1990년대 후반 무렵이었습니다. 건원릉 병풍석이 느슨해져 병풍석 바로잡기 공사를 했습니다. 감독자가 병풍석을 해체할 때 일일이 고유

번호를 표시하고 혹시라도 순서가 뒤바뀌는 것에 대비하는 등 세심하게 체크하며 병풍석 바로잡기 공사를 마쳤습니다.

그런데 아쉬운 점이 한 가지 있었습니다. 작업을 하느라 봉분 위에 천막을 쳤는데, 그로 인해 햇볕이 차단되어 억새가 정상적인 생육을 하지 못했습니다. 뿐만 아니라 억새풀에 물 주기를 소홀히 한 탓에 중앙 부분이 말라죽었습니다. 공사는 무사히 마무리되었지만, 억새의 생육 상태는 매우 불량하였습니다.

직원들이 노심초사 궁리하던 차에 건원릉 바로 오른쪽에 있는 목릉 북동쪽 중앙에서 자라고 있는 억새를 발견하여, 억새를 옮겨 심고 봉분의 사초莎草(무덤의 떼, 혹은 떼를 입히는 일)를 다시 푸르게 만들 수 있었습니다. 정말 다행스러운 일이었습니다.

그런데 알고 보니, 건원릉의 사초와 관련해 마음을 졸인 것은 우리 관리사무소 직원들만이 아니더군요.

다음은 함흥 억새풀과 관련하여 조선왕조실록에 기록된 내용입니다.

상이 주강에 자정전에서 《서전》을 강하였다. 동경연 홍서봉洪瑞鳳이 아뢰기를, "건원릉 사초를 다시 고친 때가 없었는데, 지금 본릉에서 아뢰어온 것을 보면 능 앞에 잡목들이 뿌리를 박아 점점 능 가까이까지 뻗어난다고 합니다. 원래 태조의 유교遺敎에 따라 북도北道의 청완靑薍을 사초로 썼기 때문에 지금까지도 다른 능과는 달리 사초가 매우 무성하였습니다. 그런데 지금 나무뿌리가 그렇다는 말을 듣고 어제 대신들과 논의해보았는데, 모두들 나무뿌리는 뽑아버리지 않으면 안 되고, 만약 사초가 부족하면 다

른 사초를 쓰더라도 무방하다고들 하였습니다"하니, 상이 이르기를, "한
식에 쑥 뿌리 등을 제거할 때 나무뿌리까지 뽑아버리지 않고 나무가 큰 뒤
에야 능 전체를 고치려고 하다니 그는 매우 잘못된 일이다. 지금이라도 흙
을 파서 뿌리를 잘라버리고 그 흙으로 다시 메우면 그 뿌리는 자연히 죽을
것이다. 예로부터 그 능의 사초를 손대지 않았던 것은 다른 뜻이 있어서였
던 것이니 손을 대서는 안 된다."

- 《인조실록》 권20, 인조 7년(1629) 3월 19일

예조가 아뢰기를, "신들이 삼가 본조의 낭청이 각 능陵에 부정이 있나 없
나를 조사하여 올린 서계를 보건대, 동도東道와 서도西道가 각각 같지 않
았습니다. 서도에 있는 능들은 사초가 모두 무성하다고 하였고 잡초가 있

동구릉 전경

태조 이성계 어진

다고는 말하지 않았으며 동도에 있는 능 중에서 사초가 무성한 곳은 한 두 능에 불과하다고 하였는데, 동도와 서도가 의당 이와 같이 다르지는 않을 것입니다. 그 이른바 사초라는 것은 바로 모화관慕華館(조선시대 중국 사신을 영접하던 곳)에 있는 풀로 그 잎은 가늘면서 짧고 그 뿌리는 연결되어 땅의 표면을 덮고 있습니다. 그래서 나라 능에 쓸 때는 반드시 여기서 가져갔습니다.

…(중략)…

'건원릉의 사초가 모화관의 사초와 다르다' 하였으니, 그렇다면 능 위에 이 풀만 남겨 두고 그 밖의 잡초를 모조리 제거할 필요는 없습니다. 무릇 능 위에 풀이 빽빽이 우거져 이지러진 곳이 없는 곳은 사초니 잡초니 논이니

할 것 없이 모두 바꾸지 말게 하는 것이 온당하겠습니다. 다만 '영릉英陵에는 잡초가 다른 곳보다 몹시 무성하다' 하니, 아마도 바꾸지 않을 수 없을 듯합니다. 능침에 관한 일은 중대하므로 대신과 의논하소서" 하니, 상이 따랐다.

-《인조실록》권28, 인조 11년(1633) 12월 22일

아버님의 뜻을 받들겠나이다

조선왕조실록에 나타난 내용처럼 원래 태조의 유교에 따라 북도의 청완 억새풀을 사초로 썼기 때문에, 건원릉의 경우 지금까지도 다른 능과 다르게 관리되고 있다는 사실을 이해하기 바라는 마음으로, 쉽지 않은 옛글을 길게 인용하였습니다.

시간이 허락하는 대로 건원릉을 방문하여 봉분에 억새가 지금도 잘 자라고 있는지 관찰하면서, 살아 있는 조선 왕릉 탐사의 즐거움을 느끼길 고대하겠습니다. 저의 안내가 미력하나마 도움이 되었으면 합니다.

조선시대 아기 순종의 탄생과 축하 행사 그림

이종숙

보물 제1443호 〈왕세자탄강진하도십첩병〉 이야기

국립고궁박물관에는 조선의 제27대 왕인 순종純宗(1874~1926)의 탄생을 기념하여 궁중에서 거행한 행사 광경을 그린 10폭 채색화 병풍이 소장되어 있다. 이 그림은 〈왕세자탄강진하도십첩병王世子誕降陳賀圖十疊屏〉이라는 이름으로 2005년에 보물 제1443호로 지정되었다. 순종이 태어날 때 임시로 설치된 기관인 산실청産室廳에서 일했던 관리들의 주문에 의해 일종의 기념화이자 기록화로 제작된 이 그림은 몇 가지 관점에서 조명해볼 만한 가치가 있다.

이 글에서는 〈왕세자탄강진하도십첩병〉이 담고 있는 역사적 사건에 초점을 맞추어 순종의 탄생과 축하 행사의 내용을 소개하고, 이러한 '궁중 행사도'들이 문화유산으로서 지니는 소중한 가치와 의미에 대해서 이야기하고자 한다.

원자 아기씨의 탄생, 온 세상이 경축하다

1874년 2월 8일 묘시卯時(오전 5시~7시), 창덕궁 관물헌觀物軒에서 장차 왕위를 계승할 귀한 원자元子 아기씨가 탄생하였다. 이 아기가 바로 훗날의 순종이다. 순종은 고종 황제와 명성황후 사이에서 둘째아들로 태어났다. 명성황후는 이보다 앞서 1871년 11월 첫아들을 출산했으나, 아기는 태어난 지 닷새 만에 세상을 떠났다. 아기의 사망 원인은 '대변불통증大便不通症', 즉 대변을 누지 못하여 숨지고 만 것이다. 고종과 대신들은 장차 왕통을 이을 원자의 탄생을 축하하는 행사(진하례陳賀禮)를 거행하고자 했지만, 원자의 갑작스럽고도 허망한 죽음으로 행사 계획도

자연 없던 것으로 되고 말았다. 이처럼 참담한 일을 겪은 뒤 다시 원자를 얻게 되었으니, 아기 순종의 탄생은 왕실 경사 중에서도 최고의 경사였다.

원자의 탄생은 단순히 왕실 차원의 경사로만 끝나는 것이 아니었다. 적장자 중심의 왕위 계승 원칙을 엄격하게 지켜오던 조선 왕실에서, 왕비의 몸에서 태어난 원자는 종묘와 사직으로 상징되는 국가 전체의 안녕과 영원한 존속을 의미하는 것이었다. 따라서 원자의 탄생은 곧 온 나라의 경사였다. 국가적인 경사를 기념하기 위해, 고종은 원자의 탄생 당일 즉시 지시를 내려 감옥에 갇혀 있는 죄인들과 섬에서 유배 중인 이를 풀어주고, 관직을 박탈당한 이들을 재임용하게 하였다. 원자의 탄생을 기념하여 백성들에게 은혜를 베푸는 조치는 관례로서, 순조의 첫 아들인 효명세자孝明世子(1809~1830)가 태어났을 때도 어명을 내려 죄인을 석방하고 특별 과거시험을 실시하도록 하였다.

순종의 탄생을 축하하는 행사는 생후 7일째 되는 날인 2월 14일 오시午時(오전 11시~오후 1시)에 창덕궁 인정전仁政殿에서 거행되었다. 행사 참석을 위해 고종은 붉은색 강사포絳紗袍를 입고 원유관遠遊冠을 썼으며 손에 규圭(옥으로 만든 홀. 전체적으로 납작한 형태이며 아래쪽은 네모지고 위쪽 끝은 뾰족한 모양)를 들었다. 행사는 가마(여輿)를 타고 인정전에 도착한 고종이 통례通禮(조선시대 국가의 의식에 관한 일을 담당했던 기관인 통례원의 관원)의 진행에 따라 전殿에 올라 북쪽을 향해 네 번 절하는 것으로 시작되었다. 고종이 행사의 순서에 따라 거듭 사배례를 할 때마다 인정전 마당에 자리한 종친과 문무백관들 역시 다함께 사배례를 하였다. 이 자리에서 고종은 원자가 탄생한 경사를 온 세상과 함께한다는 내용의 교서敎書를 선포하였다. 《승정원일기承政院日記》에 실려 있는 교서의 내용 중 일부를 여기에 소개한다.

위대한 하늘이 도탑게 도와 영원히 자손이 번성할 아름다움을 맞이하였고, 열 달의 기간을 상서롭게 채워 원자가 탄생하는 기쁨을 보게 되었다. 이에 팔도가 모두 기뻐 춤추고 있으므로 교서를 멀리까지 선포하는 바이다.
생각건대, 나라의 근본은 진실로 세자에게 매어 있으며, …(중략)… 사직이 의지하여 장구히 유지되는 것은 그 처음 원자가 탄생함에 있는 것이고, 천지에 태화太和의 기氣가 모이는 것도 후사를 이어가는 데서 비롯하는 것이다. …(중략)… 과인이 무궁한 선조의 왕업을 계승함에 미쳐, 후손을 끝없이

순종이 태어난 창덕궁 관물헌

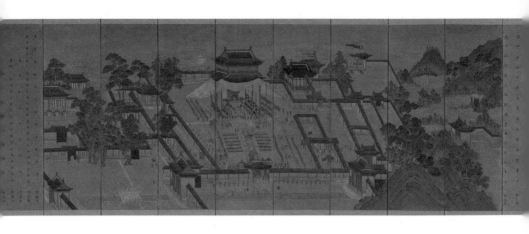

〈왕세자탄강진하도십첩병〉 (보물 1443호) 전도(국립고궁박물관 소장)

내려주는 천명을 기다렸다. …(중략)… 때는 2월이 돌아와 진실로 뭇 상서
가 모두 모였다. 강가에 뜬 무지개와 별의 기상은 상서의 빛을 빨갛게 발하
며 드리워 있었고, 그림을 그려놓은 높다란 궁궐에는 아름다운 기운이 엉
켜 복을 기르고 있었다. 다행히 하느님의 말없는 도움을 입어 순조롭게 총
자家子가 탄생하게 되었다. …(중략)… 이제 나는 왕업을 잘 계승하라는 큰
부탁을 근심할 것이 없게 되었고, 나라를 반석 위에 올려놓는 큰 도모책이
견고하게 되었다. …(후략)…

교서 선포가 끝나자 종친과 문무백관들은 임금께 사배례를 올리고,
통례원 소속의 찬의贊儀가 외치는 '산호山呼'라는 구령에 맞추어 '천세
千歲, 천세, 천천세'를 외쳤다.
이날 고종은 산실청의 관원들을 포함하여 왕비의 출산 당일 원자의

탄생과 관련된 일을 맡아 보았던 하급 관리들에게까지 상을 골고루 내리고, 특별 과거시험을 실시하도록 지시하였다.

이와 같이 거행된 순종 탄생 축하 행사를 주제로 한 〈왕세자탄강진하도십첩병〉에는 여덟 폭에 걸쳐 행사장의 전경이 그려져 있다. 각 폭은 분절되어 있지만 서로 연결되어 넓은 규모의 행사장과 그 주변이 한눈에 들어오도록 구성되어 있다. 중앙에 묘사된 행사장을 들여다보면 인정전 내부 북쪽 벽에 닫집이 있고 닫집 안에는 일월오봉병日月五峯屛과 임금님의 의자인 용상龍床이 설치되어 있다. 그 앞으로 승지들과 무관들이 엎드려 있거나 서 있는 모습이 보인다. 인정전 건물 앞 너른 마당에는 문무백관들이 질서 있게 열을 지어 자리하였고, 그들 주변에는 무관들과 깃발 등 가지각색의 의장물을 들고 있는 군인들이 둘러 서 있다. 그리고 인정문 바로 안쪽에는 건고建鼓, 편경編磬, 편종編鐘 등의 악기들이 놓여 있어 의식의 절차에 따라 장엄한 음악이 연주되던 행사장의 분위기를 짐작하게 한다.

그런데 정작 행사의 주체인 임금을 비롯한 왕실 인물의 모습은 그림 속 어디에도 보이지 않으니, 그것은 왜일까? 〈왕세자탄강진하도십첩병〉을 보면 인정전 앞 어도御道 위에 고종이 타고 온 가마가 놓여 있다. 이 가마는 현재 임금이 행사장에 있다는 것을 짐작케 하는 단서가 된다. 임금의 실제 모습은 어디에도 보이지 않지만, 그림을 보는 이들은 일월오봉병과 용상처럼 임금을 상징하는 사물들을 단서로 임금의 존재를 인식하게 된다. 전통적으로 임금은 엄격한 절차와 법식에 의거하여 그려지는 임금의 초상화인 어진御眞 이외에는 그림 속에 직접적으로 표

〈왕세자탄강진하도십첩병〉 세부. 행사장인 인정전 일대

현되지 않았다. 임금뿐 아니라 왕비와 왕세자 등 주요 인물들도 하나같이 의자나 방석과 같은 상징물로만 표현되었다. 이것은 하늘 아래 가장 고귀한 존재인 왕실의 인물들을 어떤 형태로든 함부로 드러내서는 안 된다는 일종의 금기와도 같은 것으로 볼 수 있다.

〈왕세자탄강진하도십첩병〉에 그려진 광경이 구체적으로 행사의 어떤 순서를 보여주는 것인지는 아쉽게도 확인하기 어렵다. 인정전 마당에 열 지어 있는 종친과 문무백관들의 동작으로 보아 이들이 사배례를 하고 있는 것이 아닐까 추측할 수 있을 뿐이다.

〈왕세자탄강진하도십첩병〉이 담고 있는 이와 같은 내용들과 더불어 우리의 관심을 끄는 것은 이 병풍이 만들어지게 된 계기이다. 이미 밝혔듯이 이 병풍은 원자의 탄생 당시 설치된 산실청에서 일했던 관리들에 의해 주문, 제작되었다. 산실청은 왕비나 세자빈의 출산 예정일로부터 약 3~4개월 전에 설치되었으며, 여기에는 영의정을 비롯한 삼정승과 내의원의 어의御醫를 포함한 여러 관원들이 배치되어 출산과 관련된 업무를 주관하였다. 〈왕세자탄강진하도십첩병〉의 좌우 양쪽 끝 폭에는 병풍의 제작에 참여한 관원들의 이름과 관직, 품계 등이 기록되어 있다. 이들은 도제조 이유원李裕元(영의정, 1814~1888), 제조 박제인朴齊寅(예조판서), 부제조 이회정李會正(?~1883, 승정원 도승지), 무공랑務功郎 신일영申一永(승정원 주서), 계공랑啓功郎 김영철金永哲(예문관 검열), 수의首醫 이경계李慶季(지중추부사), 대령의관待令醫官 홍현보洪顯普(삭령군수), 이한경李漢慶(내의원정內醫院正), 박시영朴時永(음죽현감), 전동혁全東爀(나주감목관), 별장무관別掌務官 변응익邊應翼(울산감목관) 등 모두 11명이다.

뒷날 국왕이 될 왕자의 탄생 시 일정한 역할을 수행했다는 사실은 이들 각자에게 매우 중요하고도 큰 의미가 있는 영광이었을 것이고, 그 사실을 자손들에게 대대로 전하고 싶었을 것이다. 그리하여 이 일을 기념하기 위해 원자의 탄생을 축하하는 행사 장면을 그린 병풍을 제작하여 각자 나누어 가졌던 것으로 짐작된다. 그렇다면 병풍의 명단에 있는

都提調大匡輔國崇祿大夫議政府領議政領 經筵弘文館藝文館春秋館觀象監事 李裕元

提調 正憲大夫 禮曹判書 朴齊寅

副提調資憲大夫知宗正卿府事兼承政院都承旨 經筵春□官春秋館□撰官弘文館直提學尚瑞院正 李會正

郎廳 行承政院注書兼春秋館記事官 申一永

啓功郎行藝文館檢閱兼春秋館記事官 金永哲

首醫 嘉祿大夫 行知中樞府事 李慶季

待令醫官通訓大夫行朔寧郡守兼長湍鎭管兵馬同僉節制使 洪顯普

通訓大夫 內醫院正 李漢虔

通制大夫行陰竹縣監兼驪州鎭管兵馬節制都尉 朴時永

宣略將軍 羅州監牧官 金東爀

科學□官宣略將軍府山監牧官 趙應喆

〈왕세자탄강진하도십첩병〉 세부. 병풍의 좌목

사람 수만큼 병풍이 제작되었을 것이나, 현재는 국립고궁박물관 소장품과 국립중앙박물관 소장품만이 남아 있다. 국립중앙박물관 소장품은 국립고궁박물관 소장품과 동일한 크기에 동일한 형태의 그림, 그리고 같은 내용의 명단으로 구성되어 있다.

궁중 행사 기록화, 살아있는 조선의 품격을 기억하다

국내 박물관에는 이처럼 궁중에서 거행된 왕실의 행사 광경을 그린 그림, 즉 궁중 행사도들이 소장되어 있다. 〈왕세자탄강진하도십첩병〉을 이해하기 위해서는 이들 궁중 행사도의 일반적인 특징에 대해서도 알아둘 필요가 있다.

현재 전하는 궁중 행사도는 대비大妃와 같은 왕실 어른의 회갑잔치나 국왕의 혼례식, 왕세자 책봉과 같은 왕실 행사의 주요 장면들을 섬세하고 정교한 필치로 그리고 있다. 빨강, 파랑, 노랑, 초록 등 선명한 색채가 주조를 이루고 부분적으로 금채까지 사용되어 첫눈에는 화려한 인상이 강하지만 바라볼수록 왕실 유물다운 품격과 위엄이 느껴진다. 이러한 궁중 행사도는 뛰어난 실력을 인정받은 궁중 소속 전문 화가들에 의해 그려졌다. 해학 넘치는 풍속화로 널리 알려진 조선시대 화가 김득신金得臣(1754~1822)도 궁중 화가로서 궁중 행사도 제작에 참여했다는 기록이 남아 있다.

현재 전하는 궁중 행사도는 병풍 형태가 많다. 하지만 같은 병풍 형태라도 행사 광경을 그림으로 구성하여 보여주는 방식에 차이가 있다.
예를 들면, 순차적으로 진행된 행사의 주요 장면들이 각각 그려진 여러
폭의 그림이 모여 전체를 이루는 유형과, 병풍 전체에 걸쳐 행사의 중
심 광경이 장대한 스케일로 표현된 유형이 있는데 〈왕세자탄강진하도
십첩병〉은 후자에 속한다.

  궁중 행사도는 당초에는 행사와 관련된 관료들의 주도로 여러 벌 제
작하여 그 제작을 주도한 관료들이 나누어 갖는 것이 일반적이었다. 이
러한 경우 궁중 행사도의 제작에는 행사에서 일정한 역할을 담당했던

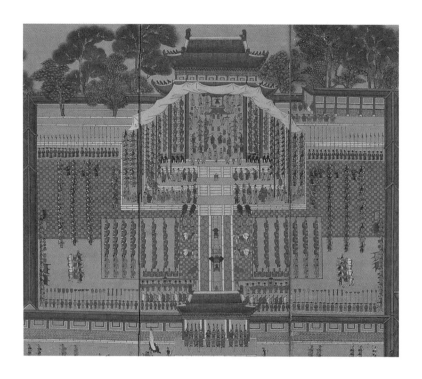

천연두에 걸렸던 순종의 회복을 축하하는 잔치를 그린 병풍의 세부(국립고궁박물관 소장)

관료들이 그 사실을 기념하고자 하는 개인적 동기가 중요한 작용을 하였다. 그러나 시간이 흐르면서 행사 준비를 담당한 관청의 주도 아래 공식적으로 궁중 행사도가 제작되었고, 국왕도 행사도에 관심을 갖게 됨에 따라 완성된 그림이 왕실에 바쳐지기도 하였다.

궁중 행사도를 보는 사람들은 대개 그림 속에 등장하는 수많은 사람의 모습, 그들의 이목구비와 입고 있는 옷의 문양 하나하나에 이르기까지 흐트러짐 없이 세밀하게 표현한 화가들의 정교한 작업과 공력에 감탄한다. 궁중 행사도는 그 자체의 높은 예술적 완성도 하나로도 충분히 소중한 가치를 지니고 있다.

이에 더하여 궁중 행사도가 더욱 커다란 가치를 갖는 까닭은 그것이 담고 있는 풍부한 정보들 때문이다. 여기에는 각계 각급의 관리들, 왕실 잔치의 호화롭고 흥겨운 분위기 연출에 중요한 역할을 했던 악사와 기녀들, 시중드는 사람들, 행사장을 호위하는 군인에 이르기까지 각기 다른 임무를 띠고 행사에 동원된 수많은 인원들이 세밀하게 그려져 있다. 그뿐 아니라 행사장에 비치된 각종 행사 용품들도 치밀하게 그려져 있다.

그 덕분에 오늘날 우리는 궁중 행사도에서 당시의 복식·음악·무용·공예·건축 그리고 의례와 풍속에 이르기까지 다양한 자료들을 얻을 수 있다. 사진이 없던 시대의 시각적 기록물로서 궁중 문화의 면면들을 생생하게 보존하고 있는 궁중 행사도는 우리 전통 문화의 정수들이 집약되어 이루어진 왕실의 문화를 이해하고 재현하는 데 없어서는 안 될 소중한 문화유산이다.

고려와 조선,
삼척에서 교차하다

이종희

한 사람의 묘가 두 곳에 있다면 뭔가 사연이 있음이 분명하다. 경기도 고양시의 고려공양왕릉(고릉高陵, 사적 제191호)과 강원도 삼척시의 공양왕릉(강원도기념물 제71호)은 둘 다 고려 마지막 왕인 공양왕恭讓王(1345~1394)의 묘이다.

2004년 삼척시의 공양왕릉을 국가지정문화재인 사적으로 승격 지정해달라는 신청서가 문화재청에 접수되면서 불러낸 생각은 계속 이어졌다.

고려 공양왕의 무덤이 두 곳이 된 사연

비운의 역사 인물, 공양왕! 그는 1389년 스스로 원치 않았건만 왕의 자리에 즉위하여 3년 만인 1392년에 폐위된다. 이후로 이곳저곳으로 쫓겨 다니는 신세가 되었다가 급기야 1394년에 목이 졸리고 만다. 왕의 처지가 이다지도 비참할까. 그의 즉위와 폐위, 살해, 복위와 제향의 이야기를 찾아 조선왕조실록을 따라가 보았다.

"우禑와 창昌은 본디 왕씨王氏가 아니므로 봉사奉祀하게 할 수가 없는데, 또 천자天子의 명령까지 있으니, 마땅히 거짓 임금을 폐하고 참 임금을 새로 세워야 될 것이다. 정창군定昌君 요瑤는 신왕神王의 7대 손자로서 족속族屬이 가장 가까우니, 마땅히 세워야 될 것이다"하고는, 공민왕의 정비 궁정비宮定妃에 나아가서 정비의 말씀을 받들어 우왕은 강릉에 옮겨 두고, 창왕은 강화에 내쫓아 폐하여 서인으로 삼고, 요瑤를 맞아서 왕으로 세우니,

이분이 공양왕이다.

- 《태조실록》 권1, 총서 100번째 기사

…(전략)… 시중侍中 배극렴裵克廉 등이 왕대비에게 아뢰었다. "지금 왕이 혼암昏暗하여 임금의 도리를 이미 잃고 인심도 이미 떠나갔으므로, 사직과 백성의 주재자가 될 수 없으니 이를 폐하기를 청합니다." 마침내 왕대비의 교지를 받들어 공양왕을 폐하기로 이미 결정되었는데, 남은南誾이 드디어 문하평리門下評理 정희계鄭熙啓와 함께 교지를 가지고 북천동北泉洞의 시좌궁時坐宮에 이르러 교지를 선포하니, 공양왕이 부복俯伏하고 명령을 듣고 말하기를, "내가 본디 임금이 되고 싶지 않았는데 여러 신하들이 나를 강제로 왕으로 세웠습니다. 내가 성품이 불민하여 사기事機를 알지 못하니 어찌 신하의 심정을 거스른 일이 없겠습니까?" 하면서, 이내 울어 눈물이 두서너 줄기 흘러내렸다. 마침내 왕위를 물려주고 원주로 가니 …(후략)…

- 《태조실록》 권1, 태조 1년(1392) 7월 17일

정남진 등이 삼척에 이르러 공양군에게 전지하였다. "…(중략)… 군君은 비록 알지 못하지만, 일이 이 같은 지경에 이르러, 대간臺諫과 법관法官이 장소章疏에 연명하여 청하기를 12번이나 하였으되, 여러 날 동안 군이 다투고, 대소신료大小臣僚들이 또 글을 올려 간諫하므로, 내가 마지못하여 억지로 그 청을 따르게 되니, 군君은 이 사실을 잘 아시오." 마침내 그를 교살絞殺하고 그 두 아들까지 교살하였다.

- 《태조실록》 권5, 태조 3년(1394) 4월 17일

경기도 고양시에 있는 고려공양왕릉(위)
강원도 삼척시에 있는 공양왕릉(아래)

고려의 끝 임금 공양군恭讓君을 봉하여 공양왕으로 삼고, 사신을 보내어 능 아래에 치제致祭하였으니, 예조의 계문을 따른 것이었다.

-《태종실록》권32, 태종 16년(1416) 8월 5일

예조에서 공양왕의 능호를 내리도록 청하였다. …(중략)… 임금이 그대로 따랐다.

-《태종실록》권32, 태종 16년(1416) 9월 29일

안성군 청룡사에 봉안했던 공양왕의 어진御眞을 고양현 무덤 곁에 있는 암 자에 이안移安하라고 명하였다.

-《세종실록》권78, 세종 19년(1437) 7월 17일

이와 같은 조선왕조실록의 기록들로 판단해볼 때, 공양왕이 삼척에 서 살해된 것은 분명하다. 그리고 조선시대에 이르러 고양에 있는 능이 공식 왕릉으로 인정되었던 것을 알 수 있다.

그렇다면 공양왕의 시신은 어디에 있는 걸까? 삼척시 공양왕릉에는 4기의 무덤이 있다. 공양왕의 능과 두 왕자 석奭과 우瑀의 묘가 각기 1 기씩, 나머지 1기는 시녀 또는 말의 무덤이라고 한다. 그 앞을 지나는 고개는 '사래재(살해재)'라 하니, 핏빛이 이름에 스민 듯하다.

고양시에 자리한 공양왕릉은 '고릉'이라는 능호를 가지고 있으며, 공 양왕과 왕비인 순비 노씨의 쌍릉으로 조성되어 있다. 무덤 앞에는 비석 과 상석이 하나씩 놓여 있고, 두 무덤 사이에는 석등과 석호石虎가, 무덤

고양시 고려공양왕릉 앞의 석호

의 양쪽에는 문신과 무신상이 놓여 있을 뿐이다.

아무리 힘없는 왕이었다 해도 왕릉의 격식치고는 너무 조촐하다. 백설공주를 죽이라고 명령한 왕비는 살해의 증거로 간을 가져오라고 했고, 사냥꾼은 지나가던 짐승의 간을 꺼내어 증거로 삼았다고 한다. 공양왕을 죽인 자들은 무엇을 증거로 삼았을까? 과연 그들이 죽은 자의 무덤을 만들기나 하였을까? 개국 3년차 조선 조정의 시퍼런 서슬을 무릅쓰고 남몰래 시신들을 거두어줄 자가 과연 있었을까 궁금해지기도 한다. 남편과 두 아들을 한꺼번에 잃고 홀로 남겨진 순비 노씨의 마음은 오죽했을까…….

공양왕을 살해한 자객들이 숨진 공양왕의 머리를 가지고 갔기 때문에 아마도 삼척의 능에는 머리 없이 몸만 있고, 고양의 능에는 머리만이 묻혀 있을 것이라고도 하고, 고양의 능에는 아무것도 묻혀 있지 않다고도 한다. 발굴하여 시비를 가리자는 의견이 있기도 하나, 무엇을 밝히기 위하여 이미 죽은 자의 능을 파헤쳐 생전의 비운에 한을 더한단 말인가. 시비를 가릴 수 없는 두 개의 무덤이 간직하고 있는 역사가 오히려 더 생생하다.

공양왕이 고양의 능 앞 연못에 투신하여 일생을 마쳤다는 전설도 있고, 수행하던 장수에 의해 고성에 매장되었다는 이야기도 함께 전하고 있다. 과연 공양왕의 혼백은 어디에 머물고 있을지 알 수는 없지만, 그 한은 참으로 깊고도 깊다.

조선을 세우게 한 꿈

삼척시에는 공양왕의 깊고 깊은 한의 근원을 생각게 하는 문화재가 있다. 강원도기념물 제43호인 준경묘濬慶墓·영경묘永慶墓이다.

조선 왕조를 개국한 태조는 자신의 선조 4대를 환조·도조(탁조)·익조·목조로 추존하였는데, 준경묘는 이양무李陽茂(목조의 아버지. 태조 이성계의 5대조)의 묘이고, 영경묘는 목조의 어머니 이씨의 묘이다.

이곳의 소나무 숲은 2005년 환경 단체인 '생명의 숲'이 '올해의 가장 아름다운 숲'으로 선정할 만큼 숲이 울창하고 풍광이 빼어나다. 소나무 중에서 으뜸으로 치는 '황장목'은 겉은 누렇지만 속은 붉은 기운이 감도는 소나무인데, 준경묘·영경묘 일대 소나무가 바로 황장목이다. 경복궁을 중수할 때 사용하였다 하여 이름이 높다.

원래 전주 이씨의 본향은 전주이다. 이들이 전주를 떠나 삼척으로 옮긴 것은 목조 이안사李安社 때의 일로, 조선왕조실록에서는 이를 다음과 같이 기록하고 있다.

처음에 전주全州에 있었는데, 그때 나이 20여 세로서, 용맹과 지략이 남보다 뛰어났다. 산성별감山城別監이 객관客館에 들어왔을 때 관기官妓의 사건으로 인하여 주관州官과 틈이 생겼다. 주관이 안렴사按廉使와 함께 의논하여 위에 알리고 군사를 내어 도모하려 하므로, 목조穆祖가 이 소식을 듣고 드디어 강릉도江陵道의 삼척현三陟縣으로 옮겨 가서 거주하니, 백성들이 자원하여 따라서 이사한 사람이 1백 70여 가家나 되었다.

– 《태종실록》 총서, 첫 번째 기사

태조 이성계의 5대조 이양무의 묘인 준경묘

이안사는 전주를 떠나 삼척, 의주와 영흥을 거쳐 두만강 부근의 알동斡東까지 올라가 거주하게 된다.

삼척에서 도망자로서 구차한 하루하루를 보내던 와중에 부친상을 당한 이안사는 묘 자리를 찾아다니다가 고목 밑에서 잠시 쉬고 있었는데, 지나가던 승려들로부터 '그곳은 천하명당으로 5대 안에 왕이 날 자리이나, 제대로 하려면 소 100마리의 피로서 신의 허락을 구하고, 황금으로 관을 써 자신을 표해야 한다(百牛金棺)'는 이야기를 듣게 되었다. 이안사는 자신의 처지에 불가한 일이라 한탄하며 잠이 들었다가 꿈속에서 '백마와 들판의 황금'을 보고 깨달은 바 있어, 백百 마리의 소는 흰(白) 소로 대신하고 황금관은 황금빛 귀리 짚으로 대신하여 장사를 지냈더니, 그 덕을 받아 훗날 5대손인 태조 이성계가 왕이 되었다는 것이다.

이 설화대로라면, 삼척은 조선 왕조의 씨앗이 뿌려진 곳이 되는 셈이다. 이양무 이전의 전주 이씨에 대한 세보가 남아 있지 않아, 전주이씨 종친회는 지금도 이곳에서 제례를 올린다.

삼척에 깃든 기운

목조 이안사가 삼척으로 이주한 것은 고려 고종 18년(1231) 전후, 그로부터 160여 년 후 망국 고려의 마지막 왕인 공양왕은 삼척에서 살해되어 생을 마감한다. 준경묘와 영경묘에 묻힌 전주 이씨의 기운이 고려 왕조의 마지막 숨통을 조이고, 5대 후를 말한 백우금관의 전설은 공양왕에게는 살해의 이야기가 된 셈이다.

준경묘·영경묘의 소재지는 삼척시 미로면 활기리活耆里인데, 이 지명은 고려 때 목조 황고비皇考妣(고비는 돌아가신 아버지와 어머니를 말하며, 황고비라 함은 왕족에 대해 높여 부른 말)가 살던 곳이라는 의미에서 '황터皇基'라 일러오다가 '활기'로 와전된 것이라 한다. 삼척은 새로운 나라 조선의 시조, 태조 이성계를 왕으로 만든 기운이 깃든 땅이 아닌가.

공양왕릉의 소재지는 삼척시 근덕면 궁촌리宮村里로서 공양왕이 살았다 하여 지어진 이름이라고 한다. 공양왕은 새 왕조의 터전에 허물어져 가는 궁을 지었던 것일까.

준경묘와 공양왕릉이 소재하는 삼척에서 조선의 태동과 고려의 종말이라는 역사가 교차하고 있다.

4

부딪히다

그리고

고백하다

역사를 위해
또 다른 역사를 쓰다 _{연 옹}

순종과 순정효황후의 어차 복원

황실 로맨스라는 독특한 소재로 한동안 세간을 흔든 드라마 〈궁〉을 기억한다. 고상하고 품격 높은 황실 생활과 잘생기고 예쁜 주인공들의 풋풋한 사랑이 어우러져 우리의 눈과 귀를 황홀케 했다. 나도 화면을 집중하며 드라마를 흥미롭게 지켜보았다. 그러다 어느 순간 눈앞을 스치는 한 장면에 시선이 모아졌다.

화면에서는 황태후 마마가 고상하고 우아한 자태로 행차를 준비하고 있었다. 황태자 마마가 올라타려는 차, 바로 그 자동차…… 드라마 〈궁〉의 황태후와 황태자는 체어맨을 타고 내렸다. 오얏꽃 황실 문장을 단 체어맨을 타고 등교하는 황태자의 모습이라니. 어딘지 어색하지 않던가.

단연코 우리 황실에서는 체어맨을 타고 등교하지 않았다. 물론 '2006년 대한민국은 입헌군주국이다'라는 허구를 전제로 하는 드라마이니 실제와 다르다며 가타부타 할 일은 아니지만, 우리 황실에서 사용한 어차御車를 수리 복원하는 작업에 오랫동안 매달렸던 나로서는 무심히 보아 넘길 수 없는 장면이었다.

그렇다면 90여 년 전 우리 황실이 실제 사용한 자동차는 어떤 모습이었을까? 궁금하신 분, 당장 창덕궁으로 달려가 보시라. 현재 창덕궁 '어차고'에 온전히, 정갈한 모습으로 전시되어 있다.*

마차의 모습이 더 많이 연상되는 초창기 자동차인 두 어차는 지금과는 달리 철제가 아닌 목제이다. 외부 도장은 칠漆로 되어 있고, 문에는 황실의 상징인 오얏꽃 무늬의 도금 장식이 붙어 있고, 내부는 오얏꽃 무늬의 황금색 비단이 붙어 있으며, 바닥에는 고급 카펫까지…… 90여

* 창덕궁 어차고에 있던 어차 두 대는 2007년 10월 28일에 이운되어 현재 국립고궁박물관에 소장되어 있다.

년 전의 그 어차가 타임머신을 타고 온 것일까? 오랜 세월 속에서도 손상은커녕, 방금 공장에서 나온 듯하다. 90여 년 세월의 때를 벗고, 그 옛날 그때 모습 그대로 전시되고 있는 어차! 그 사연을 따라가 보자.

고물이 될 뻔했다가 역사가 된 이야기

1992년으로 사연은 거슬러 올라간다. 당시 어차는 자동차 부품이 상당히 없어진 채 원형이 훼손되어 보기가 민망할 정도의 모습으로만 남아 있었다. 관리가 허술한 탓이었다. 그나마 사라지지 않고 남아 있다는 게 기적일 정도였다. 다행히 뜻있는 몇 사람의 발의와 문화재청(당시는 문화재관리국)의 노력에 의하여 어차 두 대의 수리 복원 작업이 시작되었다.

순종이 사용했다는 캐딜락은 미국 GM 사에서 1919년 제작한 것으로 추정되고, 순정효황후가 사용한 다임러는 영국 다임러 사가 1914년 제작한 것으로 추정되었다. 외부의 파손된 부분뿐 아니라 내부의 섬세한 문양 하나하나까지 제자리를 찾기 위해서 온 신경의 집중이 필요할 것이다. 생각보다 정교하게 많은 공을 들여야 제 모습으로 돌아올 것 같았다. 자동차는 비록 허술하고 낡았으나 들여다볼수록 기품 있어 보였다. 조선 마지막 황제 부부의 숨결이 소리 없이 느껴지는 듯…… 원래의 모습으로 복원하고자 하는 의지가 불타오른다.

1992년 이전부터 어차 수리 복원 의견이 있었으나, 1992년에야 비로소 본격적인 논의가 이루어졌다. 10월 현대자동차가 어차의 수리 복원을 맡겠다는 의사를 보내왔다. 만만치 않은 비용이 예상되어 혹시나 난

현재 국립고궁박물관에 소장된, 순종이 사용한 캐딜락(위)과 순정효황후가 사용한 다임러(아래).

어차를 수리하는 과정

색을 표하면 어쩔까 걱정이 되었는데, 현대자동차에서 비용을 전액 부담하겠다고 하였다. 수리 복원 정도와 복원 방식에도 여러 가지 방법이 있다. 원형 그대로 두고 살짝 보존 처리만 하느냐, 아예 복제품을 만드느냐 의견이 분분했다. 의견은 그 중간쯤으로 모아졌다.

1993년 1~2월 문화재청 직원 등 6명이 어차 수리 복원을 위해 4개국(미·영·독·일) 출장을 다녀왔다. 현지의 기술력과 상태 등 해외 자료를 수집하고자 함이었다. 여러 자동차 회사를 둘러보고 이리저리 그림도 그려보고 계획도 세워보았다. 이제 시작인데, 마음은 벌써 저만치 앞서 달려간다.

그 후 어차 수리 복원 사업이 잠깐 답보 상태에 놓였다. 수리에 대한 정밀 고증 및 방법에 대한 의견 조정이 필요했기 때문이었다. 그러다가 1995년이 되어 사업을 재개할 수 있었다. 각종 조사와 보고를 거듭한 끝에 1997년 본격적인 복원 사업이 진행되었다. IMF 외환 위기로 잠깐 사업이 중단되기도 했다. 치솟는 환율의 압박이라니. 그렇지만 어차 복원을 시작할 때의 다짐으로 긴장감 속에 일을 진행해나갔다. 기필코 온전한 모습으로 눈앞에 나타나게 하리라.

4월에는 경기도 '남양연구소'로 어차를 옮겼다. 정밀한 복원을 위해 영국에 있는 자동차 복원 전문업체인 윌대WILDAE 사에 차체 복원을 맡겨 작업을 진행하였다. 2000년 5월에는 어차의 새시와 엔진 등의 부품이 거의 다 수리되어 역순으로 조립을 시작할 수 있었다. 매우 기술적이고 정교한 작업이었다. 복원 작업은 생각보다 더 많은 땀을 필요로 했다.

2001년 5월에는 영국에서 코치 · 타이어 · 휠 등을 공수해왔다. 먼 길을 돌아서 온 부품들은 그 값어치를 하였고, 어차는 조금씩 본 모습을 찾았다. 10월 어차 두 대는 경기도 남양연구소에서 완전히 조립 복원되었다. 일차적인 완성! 처음에 막막했던 심정은 뿌듯함으로 바뀌었다. 그리고 얼마 남지 않았다는 소소한 기대감도 생겨났다.

2001년 11월 27일 드디어 창덕궁 어차고에서 어차 수리 복원 기념식을 거행하였다. 그리고 어차는 본연의 모습대로 창덕궁에 놓였다. 자식

을 낳은 심정으로, 유리창 너머 어차가 전시된 모습을 바라보았다. 처음
과는 몰라보게 달라졌고, 제 모습을 찾기 위해 오랜 시간을 달려온 만
큼 의연하고 단호한 모습이었다.

제대로 복원된 어차, 제대로 황실을 알리다

그리고 다시, 성큼 다가온 2006년의 어느 가을 창덕궁에서, 나는 순종
과 순정효황후가 오르내렸을 그 어차를 바라본다. 지금은 이미 지나간
시간의 이야기가 되었지만, 복원에 기울인 땀과 노력의 시간을 기억해
본다.

국립고궁박물관으로 어차를 이운하는 모습

　시간은 사람을 철들게 한다. 또 오랜 기다림은 열매를 달게 한다. 무심히 지나가면 아무것도 아닐 수 있는 일들은 우리의 관심과 노력으로 인해 빛나는 보석으로 탈바꿈한다. 그렇게 탄생한 보석은 말할 수 없이 황홀하다.

　다소 긴 시간이 걸렸지만, 또 그리 유쾌할 것 없는 우리의 근대사라고들 하지만, 풍파에 쓸려 고물이 될 뻔한 자취는 많은 사람의 관심과 노력으로 의미심장한 역사가 되었다. 어쩌면 순간순간 별스러울 것 없이 보이는 발걸음들이 결국 의미심장한 역사를 만드는 것이 아닐까. 우리는 역사를 만들기 위해 또 다른 역사를 써나갔던 셈이다.

행사의 달인,
실수를 고백하다

/ 송대성

충무공 탄신 기념 다례 행제

4월 28일은 충무공 탄신일(1545년 음력 3월 8일에 대한 양력 날짜를 계산하여 4월 28일을 기념일로 정함)이다. 충무공 탄신 기념 다례인 4 · 28행사를 마치고 보니, 올해까지 꼭 스물세 번 이 행사를 치렀다. 4 · 28행사만큼은 전문가가 되어 이골이 날 듯도 하지만, 매번 긴장되고 어렵다. 아무리 만반의 준비를 한다고 해도 행사에는 예기치 않은 문제가 따르는 법. 예방이 최선이긴 하지만, 예기치 않은 문제가 발생하였을 때는 이에 따른 대처가 매우 중요하다. 각 분야에서 갖가지 행사를 준비하는 우리 청 직원들에게 참고가 될까 하여 몇 가지 에피소드를 공개한다.

천장에서 물이 똑똑

1981년 4 · 28행사 때 일이다. 본전 다례 행제茶禮行祭가 한창 진행되고 있는데, 갑자기 휴게소 다과회장의 담당자로부터 연락이 왔다. 다과회장의 천장에서 비가 떨어져 하필이면 음식이 준비되어 있는 메인 테이블로 떨어진다는 것이었다. 그날 아침부터 부슬부슬 안개처럼 조금씩 내리던 비가 조금 굵어지는가 싶더니 기어이 일을 내고 말았다.

최근 번와鱗瓦(기와를 바꾸는 일) 공사를 한 터라 그럴 리 없을 것이라고 생각하면서 달려갔다. 지붕에 올라간 관리과 직원이 말하길, 기와는 멀쩡한데 기와 빗물이 모여 처마 홈통으로 흘러가는 물길의 시멘트 바닥이 움푹 파인 데다 금이 가 있어 물이 금을 따라 천장으로 흘러가 떨어진다는 것이었다. 행사 준비 기간 동안 비가 오지 않아 이런 상태인 줄 전혀 알 수 없었다.

전두환 전 대통령 현충사 분향(사진제공 : 국가기록원)

지금은 행사 간소화에 따라 다과회가 폐지되었지만, 당시 4·28행사
는 본전에서 다례 행제를 마치면 경외 주차장에 있는 휴게소에서 초청
인사들을 모시고 주빈 주재로 다과회, 일명 칵테일 파티를 했다.

그해 주빈은 취임한 지 두 달도 되지 않은 전두환 대통령으로, 본전
다례 행제 후 활터에 들러 전국 시도 대항 궁도 대회의 시궁을 마친 뒤
다과회장에 도착할 예정이었다.

다행스럽게도 움푹 파인 곳에 모여든 빗물을 국자로 다 퍼내니 물이
떨어지지 않았다. 그러나 문제는 빗줄기가 점점 더 굵어지고 있어서 다
과회 도중 또 다시 누수가 될 것 같은 상황이었다.

방법은 단 하나, 누군가 계속 국자로 물을 퍼내는 것뿐이었다. 어쩔
수 없이 한 직원으로 하여금 지붕에 올라가 행사가 끝날 때까지 물을
퍼내도록 하였다.

현충사 본전

축하와 덕담이 오가는 다과회장에서 우리는 안절부절, 천장을 바라보면서 애태워가며 행사가 제발 빨리 끝나기만을 기다려야 했다. 다행히 별 탈 없이 행사가 끝나 안도의 숨을 쉴 수 있었지만, 지금 생각해도 아찔한 순간이었다. 비상시의 대비가 얼마나 중요한지 깨닫게 해준 사례였다.

향로 다리가 녹아내리다니

노태우 대통령이 참석한 해(1989년인지 1990년인지 불분명)에는 이보다 더 어려운 사태가 발생했다. 주빈이 도착하려면 채 30분도 남지 않았는데, 본전에서 분향용 향로의 다리가 주저앉았다는 것이다.

향로는 다례 행사 중 헌관獻官과 주빈의 분향에 쓰이는 가장 중요한 제기로, 향을 피우기 전 숯으로 먼저 밑불을 피우는데, 숯을 너무 많이 넣은 까닭에 과열로 향로 몸체와 다리를 접착한 부분이 녹아내렸다. 예비용 향로 하나마저도 녹아내려, 당장 상에 올릴 향로가 없었다.

대통령은 곧 도착할 텐데 시간은 없고 그야말로 미칠 지경이었다. 그

노태우 전 대통령 현충사 분향

향로를 보며 당시를 회상하는 지은이

때 주민 중에 제례용 향로가 있을지도 모른다는 생각이 퍼뜩 들었다. 동네에 거주하는 직원들에게 알아보니 다행히 한 집에 향로가 있다는 것이 아닌가.

집에 향로를 꺼내놓도록 연락을 해달라고 부탁하고 업무용 차량에 탑승하여 운전원을 독촉, 동네로 향했다. 정문에서 제지하는 경호원에게 사태의 긴급성을 설명하니 통과시켜주었다. 막상 집에 가보니 향로는 있는데 녹이 슬어서 문제였다.

별 수 없이 본전으로 가져가는 동안 차 적재함에 남아 있는 가는 모래(세사)로 광내는 데 온 힘을 쏟아야 했다. 가까스로 본전에 향로를 전달하고 우회도로를 내려가며 보니 대통령 일행이 홍살문을 지나가는 것이 보였다. 5분만 늦었어도 행사를 망칠 뻔했다. 밑불로 넣을 숯의 양 조절같이 사소해 보이는 일조차 행사 전체를 그르칠 수 있다.

주빈께서 묵묵했던 까닭은

김영삼 대통령이 주빈으로 참석한 1993년에는 다례 행사 제관으로서 뼈아픈 경험을 했다. 다례 행사에서는 관리소장이 '헌관'을 맡고, 헌관을 보조하는 '집사執事'와 축문을 낭독하는 '축관祝官' 그리고 행사 진행의 사회를 맡은 '집례執禮' 등 4명이 제관인데, 내가 사회를 맡게 되었다.

제례의 하이라이트는 주빈의 헌화, 분향 부분이다. 행사 순서상 "다음은 대통령이 헌화, 분향하시겠습니다. 모두 일어서주시기 바랍니다"라는 집례의 진행 발언이 떨어지면, 주빈인 대통령이 자리에서 일어나 헌화병 2명이 들고 있는 꽃에 손을 얹고 헌화병을 따라 본전에 올라와 제상 앞에 있는 헌화대에 꽃을 놓는다.

다음은 분향 순서로, 주빈이 향합에 있는 목향을 3번 집어 향로에 넣고 한 걸음 뒤로 물러나 묵념한다. 주빈의 묵념 후에 집례는 "일동 묵념"을 외쳐 참석한 인사들이 주빈을 따라 묵념하도록 안내한다. 주빈이 묵념을 한 잠시 뒤에 진행 발언을 하는 것은 집례가 대통령에게 묵념을 시키는 결례를 범하지 않도록 함이었다. 당시에는 이와 같이 주빈에 대한 권위 세우는 일이 꽤 중요시되었으므로, 집례가 엄히 지켜야 할 사항으로 강조되었다.

그런데 문제는 바로 그 부분에서 발생하였다. 헌화를 마친 김영삼 대통령이 한 걸음 뒤로 물러나더니 분향도 묵념도 하지 않은 채 마냥 서 있는 것이 아닌가.

김영삼 전 대통령 현충사 분향

　나는 처음에는 충무공의 영정 앞에서 국정 운영을 다짐하고 있는 것
이리라 생각했다. 그러나 이 상태가 너무 길어지는 것이었다. 불안해지
기 시작하였다. 나중에는 제관들도 내 얼굴을 뚫어져라 바라보는 등 무
언으로 나의 진행 발언을 재촉하는 지경이었다. 좀 더 기다려보자 하였
지만, 그 상태가 지속되었다. 그 잠깐 사이에 대통령이 내 진행 발언을
기다리는 것이 아닌가 싶기도 하고, 불현듯 어쩌면 기독교 장로인 대통
령이 경례를 하지 않으려고 그런지도 모르겠다는 생각까지 뇌리를 스
쳤다.

　마침내 참다못한 나는 "일동 묵념"을 외치고 잠시 후 "바로"를 외쳤

다. 그런데 묵념을 마친 대통령이 성큼 향로 앞으로 가더니 분향을 하고 다시 묵념하는 것이 아닌가. 아찔한 순간이었다. 나는 순서 절차도 무시하고 대통령에게 결례를 한 꼴이 되어버렸다. 나도 모르게 등에서 식은땀이 났다.

어쩌면 문책을 받을지도 모른다는 걱정이 행사가 끝난 후에도 한동안 계속되었다. 그러나 다행히 별고 없었다. 내가 잘못한 것을 아는 이는 제관들 외에는 대통령과 수행한 장관뿐이고, 단 아래에 있던 초청인사들은 상황을 전혀 모르기 때문에 이 일이 크게 알려지지는 않았다.

지금도 나는 당시 대통령이 왜 그렇게 오랜 동안 서 있었는지 모른

현충사 전경

다. 다만 주빈에 대한 행동 요령 전달에 문제가 있었던 것이 아닌가 짐작할 뿐이다. 혹시 앞으로 그런 상황이 또 다시 생긴다면 좀 더 기다려 보겠다는 생각이지만, 당시에는 어쩔 수 없는 일이었다고 스스로 위로한다.

'과오를 범하지 않는 쪽보다 과오를 고백하는 쪽이 더 훌륭하다'(R. G. 잉거솔, 미국의 법률가이자 정치가)는 말이 있다. 이 말에 용기를 내어 나의 과오를 밝힌다.

석가모니
진신치아사리의 귀환

강신태

금강산 줄기에 자리한 강원도 고성의 건봉사乾鳳寺는 신라시대 아도화상이 창건한 천년 고찰이며, 석가모니 진신사리탑을 모시고 있는 대사찰이다. 지금과 달리 민간인의 자유로운 출입이 금지되었던 1986년, 이곳에서 석가모니 진신치아사리가 도굴, 절취되는 사건이 일어났다.

대한불교조계종 총무원에는 전국 사찰 3000여 개소의 사정을 두루 꿰는 한 간부 직원이 있었는데, 어느 날 밤 그의 꿈에 부처님이 나타나 도굴당한 사실을 알려주셨다고 한다. 너무도 생생한 꿈이 이상하게 여겨져 다음 날 건봉사를 찾아갔다가 사리탑이 훼손되어 주변에 흩어져 있는 것을 발견하였다는 것이다. 급하게 사리탑 속에서 나온 부재들을 수습하여 상경한 그는 다음 날로 문화재관리국 사범단속반(현 문화재청 문화유산국 문화재안전과)에 신고하였다. 이때가 1986년 어느 봄날이었다.

부처님께서 꿈에 현신하시어 도난 사실을 알려준 것에서부터 도난당한 사리를 찾는 과정까지 사연이 매우 드라마틱했던 그 사건을 다시 기억해본다.

왜 그냥 돌려주었을까

대한불교조계종 총무원으로부터 신고를 받은 문화재관리국 사범단속반은 일단 문화재 매매가 주로 이루어지는 서울시 종로구 인사동과 동대문구 장안평에서 사찰 문화재를 취급하는 그 분야 고참들에게 소문을 흘리는 한편 은근한 추궁과 협박도 하면서 관련자 주변을 내사하였다.

그러던 중 사범단속반으로 한 통의 전화가 걸려왔다. 오십대로 여겨지는 남자 목소리였다. "강원도 고성 건봉사에서 도굴, 절취된 석가모니 진신치아사리가 서울시 관악구 봉천동 사거리, 서울대학교 들어가는 입구에 있는 가야파크호텔에 있으니, 그 호텔 프런트에 가서 강원도 신흥사 해법스님이 맡겨둔 약봉지를 달라고 하면 물건을 줄 것"이라는 내용이었다. 전화는 즉시 끊겼다. 당시 전화라는 것이 녹음은커녕 발신자 번호조차 확인할 수 없었다. 그렇다고 장난 전화로 치부하고 넘어갈 수는 없는 일이므로, 수화기를 내려놓자마자 알려준 곳으로 달려갔다.

얼마 후, 봉천동의 가야파크호텔에 도착하여 시키는 대로 하였더니 프런트 종업원이 스테이플러로 꼼꼼하게 찍어서 삼중으로 포장한 누런 꾸러미 하나를 내미는 것이 아닌가. 누런 꾸러미를 받아든 순간 손에 땀이 배어들었다. 마음은 급했지만 부처님과 동일시되는 귀중한 석가모니 진신치아사리이므로 함부로 열어볼 수는 없었다.

떨리는 마음으로 우선 대한불교조계종 총무원 기획관리부장 스님에게 전화를 걸고는 객실로 들어가 탁자 위에 조심스럽게 모셔놓고 기다렸다. 약 1시간쯤 지나자 총무원 스님 세 분이 도착하였다. 스님들은 손을 깨끗이 씻고 불교 의식에 따라 엄숙하게 절을 올린 뒤, 삼중으로 포장된 누런 꾸러미를 열었다. 사리함이었다. 청동합의 뚜껑을 여니 그 안에 은제함이 있었고, 은제함을 여니, 그 안에 또 금제함이 들어 있었다. 금제함 안에 있는 명주천을 풀자 아연으로 된 후령통候鈴筒(불상의 배 안에 사리와 불경 등을 넣을 때 이를 담는 통)이 나왔다. 사리는 그 안에 모셔져 있었다.

대한불교조계종 총무원이 소장하고 있는 문헌에 따르면, 건봉사의

사리함과 후령통 및 석가모니 진신치아사리

석가모니 진신치아사리는 모두 12과였다. 신라 자장율사가 가져와 경남 양산 통도사에 모셨는데, 임진왜란 때 약탈당한 뒤 선조 38년(1605) 사명대사가 일본에 건너가 환수하여, 당시 우리나라에서 제일 큰 사찰인 강원도 고성 건봉사에 봉안하였다고 기록되어 있다. 그런데 호텔 객실에서 열어본 사리함 안에는 12과가 아닌 8과만이 들어 있었다.

그때가 오후 3시 무렵이었다. 석가모니 진신치아사리를 보고 있노라니, 나의 마음 한쪽에서 무언가가 움직이는 듯하였다. 사리가 나머지 4과를 찾아달라고 이야기하는 것만 같았다. 부처님의 마음이 담긴 물건이어서 그랬을까. 참으로 이상한 경험이었다.

사리를 모시고 사무실로 돌아왔다. 당시 문화재관리국 사범단속반은 종로구 광화문 미국대사관 옆에 있는 문화공보부 건물 8층에 있었다. 일단 도굴, 절취된 석가모니 사리함과 진신치아사리 8과에 대해 회수하였음을 보고하였다. 그렇지만, 당시 주변 정황과 사리함 속에서 약간의

도굴, 절취되기 전 사리탑(위)

새로 조성된 사리탑(아래)

공간이 확인된 것으로 보아 사리 4과가 더 있을 것으로 판단되었다. 나는 이를 찾기 위해 달아난 범인을 추적하기 시작했다.

사리를 찾아, 사람을 찾아

가만 생각해보니, 건봉사가 민간인의 자유로운 출입이 금지된 민통선 지역이니 출입자 명단이 있을 것이었다. 즉시 건봉사의 본사인 신흥사 해법스님께 연락해 검문소에서 출입자 명단을 비밀리에 확보해줄 것을 부탁하였다.

다음 날 명단을 확보하여 확인하니 강원도 강릉에 있는 문화재매매 업자 류○○를 포함한 문화재 전문 도굴범 4명의 신원이 드러나 있었다. 즉시 서울지검 문화재 담당 검사에게 동향을 보고한 뒤, 주변 관련자 대상으로 탐문 수사를 진행하던 중이었는데, 어찌된 영문인지 민통선 안에서 석가모니 진신치아사리가 도굴, 절취되었다는 사실이 언론에 크게 공개되었다.

사범단속반은 지체할 여유가 없었다. 관련자의 신병 확보를 위해 검사 지휘를 받아 수사에 착수, 관할 지역 군 사단을 찾아갔다. 조계종 총무원 관계자와 사범단속반 소속 수사관 2명이 동행했다. 용의자는 고, 류, 황, 이를 포함한 4명으로 모두 이 바닥에서는 솜씨깨나 있는 이들이었다. 그 가운데 류씨는 강릉에서 골동품 매매업을 하는 이였다.

먼저 류씨를 검거하기 위해 강릉으로 향했다. 주소지로 찾아가보니, 가게가 없어진 지 한참 되었다고 했다. 혹시 이미 도주한 것은 아닌지 걱정스런 마음으로 주변을 수소문해보았다. 다행히 가게는 시내의 한 대형마트 2층으로 옮긴 상태였다.

우리 조사팀은 차를 건너편에 세워두고 가게로 올라갔다. 류씨는 없고 부인만 있었다. 부인한테 류 사장을 만나러 왔다고 했더니 어디서 왔는지, 무슨 일로 남편을 찾는지 꼼꼼히 묻는 것이 아닌가. 당시 언론을 보고 눈치를 차린 것이 아닌가 하면서도 "좋은 물건이 있다고 해서 서울서 보러 왔다"고 하였다. 뜻밖에도 "잠깐 누구를 만나러 갔는데, 곧 올 테니 여기서 기다리라"는 대답이 돌아왔다. 신문에 대서특필된 것을 범인이 알지 못하고 도망가지 않았으니 얼마나 다행한 일인가.

혹시나 해서 류씨의 집을 둘러보았다. 단칸방에 어린 네 남매가 자기들끼리 놀고 있었는데, 형편이 퍽이나 딱해 보였다. 이런 상황에 가장이 구속되면 어떻게 살아갈지…… 인간적으로 고민이 되었다.

20분쯤 기다렸던가. 류씨가 혼자서 걸어오는 것이 보였다. 다가가 오래간만이라며 반갑게 악수하고, 할 얘기가 있다는 말을 하면서 건너편에 세워둔 차로 가고 있을 때, 가게 앞에서 '끼익' 하는 큰 소리가 났다. 돌아보니 군 사단 보안대 소속의 지프차 2대가 류씨를 연행하기 위해 들이닥치는 것이 아닌가. 우리가 류씨에게 사건 전반에 대해 설명한 후 임의 동행하여 차에 태우고 막 출발하였으므로, 보안대는 간발의 차이로 류씨를 놓치고 만 셈이 되었다.

서울로 올라오는 도중 류씨가 집으로 전화하게 해달라고 해서 연결해주고 돌아앉았다. 급한 일이 생겨서 서울에 있겠다고 둘러대는 류씨의 목소리가 들려왔다.

같은 날 오후 6시 무렵, 서울 덕수궁 내에 있는 사범단속반 조사실에 도착하였다. 밤샘 조사 끝에 석가모니 진신사리탑 도굴·절취 일당이 확인되었다. 보고서를 작성하여 청와대에 보고하였다. 본 사건이 매우 중요하므로 문화재관리국 사범단속반만의 수사로는 한계가 있다고 판단한 청와대는 서울지검 특수3부와 공조 수사할 것을 지시했다.

서울지검 특수3부장의 지휘 아래 관련자 검거를 위해 편성된 5개 팀이 새벽 4시에 출동했다. 수사대가 각기 나누어 탄 검은 세단들이 새벽녘 거리를 일제히 질주하는 모습은 지금 생각해도 마치 영화의 한 장면 같았다.

대구, 대전, 천안, 청주, 장안평으로 출동한 수사대는 범인 넷을 검거하였고, 류씨 등은 법원에서 10년형을 선고받았다. 범인 중 이씨와 류씨는 매제지간이었으니 집안이 어떻게 되었을는지 싶기도 하고, 이들을 출입시켜주었다는 이유로 유능한 장교 2명이 옷을 벗게 된 것도 마음이 매우 아팠다. 무엇보다도 나머지 사리 4과의 행방을 확인하지 못한 것이 아쉬웠다. 무언가 석연치는 않았으나, 범인들은 끝까지 8과밖에 없었다고 진술하였다.

이렇게 범인을 잡는 한편에서는 돌아온 석가모니 진신치아사리를 제자리에 모시는 절차가 진행되고 있었다. 대한불교조계종 총무원장이 문화공보부 장관으로부터 부처님 진신치아사리를 인수하여, 진신치아사리를 꽃가마에 모시고 광화문에서부터 조계사 법당까지 이운식을 하였는데, 당시 부처님의 진신치아사리를 친견하려는 불교인의 행렬이 종각까지 길게 늘어섰다.

악연을 인연으로 껴안다

이 사건으로 인하여 나는 종교를 초월하여 불교 문화재와 특별한 인연을 맺게 되었다. 우리나라의 불교문화는 역사가 오래되어 그 양이 많기도 하지만, 도난당하는 문화재의 70퍼센트는 탱화, 목각 동자상, 부도 같은 사찰 문화재이다. 이후 도난당한 사찰 문화재를 회수하여 사찰에 돌려준 것이 얼마인지 셀 수조차 없다.

이 사건이 있은 지 몇 해의 시간이 흘렀다. 1990년 여름이었다. 선배 등 세 가족이 함께 대관령 골짜기에서 피서를 하고 있는데, 한 후배가 찾아와서 강릉 류씨의 소식을 전해주었다. 힘들고 긴 5년이란 세월을

석가모니 진신치아사리 이운식

190

교도소에서 보내고 얼마 전에 모범수로 출감, 지금은 강릉 경포대 강문 솔밭에서 식당을 하고 있다는 것이다. 그동안 어떻게 살았을지 걱정도 되고 만나보고 싶은 마음이 들어 찾아가려 하였더니, 곁에 있던 친구가 해코지를 당하면 어쩌려고 그러냐면서 강하게 말렸다.

그렇지만 나는 문화재 사범 단속 업무를 수행하면서 일말의 거짓 없이 죄가 밉지 사람은 밉지 않다는 생각으로 사람들을 대해왔다. 보복의 두려움보다는 사람의 도리가 중요하다 생각하고 경포대 내 솔밭으로 류씨 가족을 찾아갔다.

닭 모이를 주려고 마당에서 배추를 자르고 있는 류씨를 보는 순간 반가움인지 미안함인지 알 수 없는 마음에 눈가에 눈물방울이 맺혔다. 용기를 내어 가까이 다가가서 류 사장을 불렀다. 혹시나 화를 낼 수도 있으리라 생각했는데, 류씨는 나를 보자 뛰어와서 부둥켜안으며 반기는 것이 아닌가. 그러더니 식당으로 달려가 부인에게 문화재관리국 사범 단속반 강 부장이 왔다고 말했다. 어떻게 된 영문인지, 부인 역시 뛰어나와 나의 손을 꼭 잡고 식당으로 데려가 푸짐한 대접을 아끼지 않았다. 류씨는 그 사건 후 문화재 절취나 도굴에서 손을 씻고 강릉 경포대 내 솔밭에서 오골계와 닭을 키우며 아내와 함께 새로운 모습으로 열심히 살아가고 있었다.

사람들은 어떤 식으로든 어울리며 살아간다. 그 가운데 참 모습을 발견하고 감동을 받는다. 그런 참 모습을 발견할 때, 나는 인생을 살아가는 것이 헛되지 않다고 생각한다.

100년 동안
잃어버린 이름을 다시 찾다   / 박상국

새해를 맞이하여 지난해를 돌이켜보는 일은 해마다 되풀이되는 일입니다. 그러나 2005년은 특별한 의미가 있었던 해로 기억됩니다. 그것은 100년 동안 우리가 잘못 알았던 내용을 수정토록 했기 때문입니다.

대각국사 의천義天(1055~1101)은 문종의 넷째 아들로 태어나 열한 살에 출가하여 열세 살에 불교계 최고위직인 '승통'의 자리에 올랐을 정도로, 고려시대를 대표하는 승려이며 탁월한 불교학자입니다. 우리나라 천태종을 개창하신 분이기도 합니다. 이분의 대표적인 업적 가운데 하나는 세계 최초로 국내는 물론 송나라와 거란, 일본 등 세계 각국의 대장경 연구서를 수집하여, 총 4700여 권의 총록을 만들고 간행하였다는 것입니다. 이른바 '교장教藏'(대장경의 연구 주석서)의 간행입니다.

의천의 교장 간행은 당시 고려를 축으로 송 · 거란 · 일본 등 동북아시아를 불교문화로 결속시키는 역할을 한 방대한 사업이었지요. 이는 세계 불교문화사에서 가장 위대한 업적 가운데 하나라고 말할 수 있을 것입니다.

그런데 이 교장은 그동안 '속장續藏'(대장경의 속편이나 후편을 말함)으로 잘못 불렸습니다. 무려 100여 년 동안이나요. 고등학교 국사 교과서에도 그렇게 표기되었지요. 이 잘못을 고쳐 교장으로 바로잡은 것이 바로 2005년의 일입니다. 이 같은 국사 교과서의 수정은 개인적인 명예를 넘어서 일본학자들에 의해 생긴 우리 역사의 오류를 바로잡은 의미 있는 일로 생각됩니다.

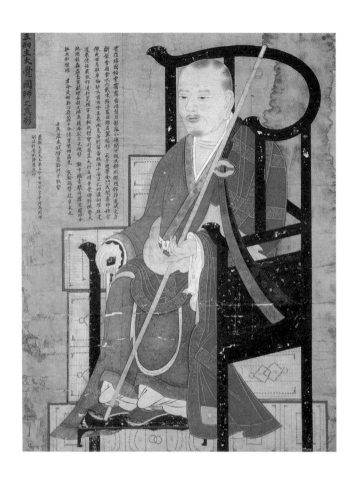

보물 제1044호 대각국사 의천 진영(선암사 소장)

'교장'이란 단어는 아무도 모르는 용어라서 쓸 수 없다?

의천의 교장이 속장으로 잘못 알려진 것은 1911년 오노 겐묘小野玄妙 (1883~1939, 일본의 불교학자, 전 도쿄제국대학·다이쇼대학 교수)의 〈고려우세승 통高麗祐世僧統 의천義天의 대장경판조조大藏經板雕造의 사적事蹟〉에서 '속대 장경續大藏經'이라 칭하였고, 1923년에 이케우찌 히로시池內宏(1878~1952, 동양사학자, 전 도쿄제국대학 교수)가 쓴 〈고려조高麗朝의 대장경大藏經〉이라는 논문에서 '의천의 속장續藏'이란 명칭을 사용한 데서 비롯되었습니다. 그리고 1937년에는 오야 도쿠죠大屋德城(1882~1950, 불교학자, 전 오오타니대 학 교수)가 《고려속장조조고高麗續藏雕造攷》라는 책을 간행하여 그 명칭이 굳어지게 된 것입니다.

이후 의천의 교장은 아무런 의심 없이 속장으로 불리게 되었고, 해 방 이후 오늘날까지도 속장, 속장경, 속대장경 등으로 잘못 불려왔습니 다. 학생들은 물론이고 역사학자들까지도 의천이 수집하여 편찬한 제 종諸宗(여러 종파)의 교장을 대장경의 후편 내지 속편처럼 생각하고 있었 습니다. 더욱이 해인사 고려대장경판도 그 범주를 제대로 파악하지 못 하고, 조선시대에 판각한 사간판寺刊板까지도 대장경으로 잘못 이해하 는 게 현실입니다. 심지어 저명한 역사학자까지도 '해인사 고려대장경 은 초조대장경과 의천의 속장을 포함해서 만들었다'고 할 정도입니다. 저 역시 의천의 교장을 '속장' 또는 '속장경'으로 배워 그렇게 사용해 왔습니다.

그러다가 1997년 보조사상연구회의 학술대회에서 대각국사 의천의

교장의 원본인 정원신역대방광불화엄경소(일본 도다이지東大寺 소장)

《신편제종교장총록新編諸宗教藏總錄》에 대한 서지적 검토를 요청받았습니다. 당시만 해도 의천이 송·거란·일본 등지에서 수집하여 간행한 것이 속장이며, 그 목록이《신편제종교장총록》이라는 사실을 의심하는 사람은 아무도 없었습니다.

그런데 막상 책을 검토해보니,《신편제종교장총록》은 '새로 편찬한 제종의 교장 총록'이었습니다. 제목에도 그대로 드러나 있는데, 왜 이것을 진작 알지 못했던 것일까요?

《대각국사문집》에는 의천이 열아홉 살(1073년)에 쓴〈대세자집교장발원소代世子集敎藏發願疏〉를 비롯하여〈기일본국제법사구집교장소寄日本國諸法師求集敎藏疏〉〈신편제종교장총록서新編諸宗敎藏總錄序〉〈대선왕제종교장조인소代宣王諸宗敎藏彫印疏〉등이 실려 있습니다. 이곳에도 나타나 있

《대각국사문집》에 수록된 〈대세자집교장발원소〉

듯이, 의천은 교장이란 용어를 사용했습니다.

이것을 확인하고 나니, 당시에는 나도 모르게 감격의 눈물이 나오더군요. 이렇게 하여 마침내 1997년 10월 경복궁 동편에 있는 법련사에서 〈의천의 교장 - 교장 총록의 편찬과 교장 간행에 대한 재고찰〉이란 논문을 발표하였습니다. 그렇지만 교과서 개정은 논문을 발표한 지 8년 만에야 이루어졌습니다.

왜냐하면 처음 논문을 발표했을 때만 하더라도 교과서 개정이나 신문에 연구 성과를 발표한다는 것은 생각지도 못했습니다. 나 역시 논문만 발표하면 할일을 다 한 것이라고 생각했습니다. 그런데, 알려져야 할 일을 적극적으로 알리지 않으면 아무런 의미가 없다는 것을 깨닫게 한 일이 생겼습니다.

2004년 4월, 순천 송광사 사천왕상 복장에서 속장경 12종 14점을 발견했다고 각 신문에서 보도한 것입니다. 속장경은 대장경의 속편이나 후편을 뜻하는 것인데, 마치 대장경의 속편이 나온 것처럼 보도하였습니다. 그러나 송광사에서 발견된 것은 속장이 아니라 교장이었습니다. 의천의 속장이 아니라 교장이라는 논문을 발표했음에도 불구하고 여전히 속장으로 불리고 있었던 것입니다. 발표 논문이 있어도 아무런 의미가 없었던 것이지요.

도저히 참을 수가 없었습니다. 언론사에 "의천의 '속장'은 틀린 표현"이라고 이의를 제기했습니다. 그랬더니, "'교장'이란 말은 아무도 모르는 용어이기 때문에 사용할 수 없다"고 하였습니다. "발표한 논문은 이미 오래전의 일이라 신문에 소개할 만한 기사거리가 되지 못한다"고

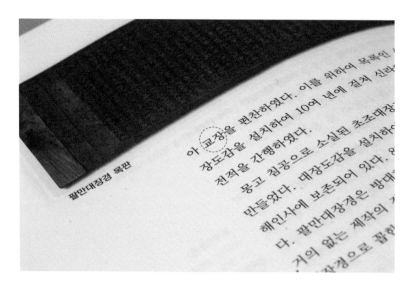

《고등학교 국사》 교과서에서 '속장' 대신에 '교장'이란 용어가 쓰인 부분

도 하였습니다. 그리고 "고등학교 국사 교과서에 '속장'으로 되어 있기 때문에 교과서를 바꾸지 않는 한, 어쩔 수 없다"는 말도 들었습니다. 논문만 발표한다고 해서 바뀔 교과서가 아니었습니다.

그리하여 교육인적자원부에 전화를 하여 교과서 수정 절차를 알아본 뒤,《보조사상》11집(1998년 2월)에 발표한 논문을 보내고 수정할 것을 건의하였습니다. 마침 국사 교과서 담당인 이충호 장학사가 일본 역사 교사서 왜곡에 대한 논문을 발표한 경험이 있어 이해가 빨랐습니다. 다른 분이라도 당연히 수정에 대한 관련 절차를 밟았겠지만, 이충호 장학사 덕분에 더 수월하게 고쳐졌다고 생각합니다.

그리고 드디어 2005년도 신학기《고등학교 국사》교과서(2005년 3월 1일 교학사 발행) 272쪽에 '속장' 대신 '교장'이란 용어가 새롭게 등장하였습니다. 최근에 KBS〈역사스페셜〉(2006년 1월 27일 방영)에서 대각국사 의천에 관련된 프로그램이 방영되었는데, 출연자 모두가 속장이란 말은 사용하지 않고 교장으로 표현한 것도 바로 교과서가 수정되었기 때문이라고 생각합니다.

우리 역사를 바로 세워나가는 한 걸음

의천은 대장경에 대한 연구서의 필요성을 일찍부터 자각했습니다. 열아홉 살 때, 경과 논을 갖추었더라도 '장소章疏'(연구 주석서)가 없다면 법을 펼 길이 없다고 생각하고, 불법을 더욱 빛나게 하기 위해서 국내는 물론이고 거란과 송나라에 있는 '백가의 연구서를 모두 한 곳으로 모아서 널리 유통〔百家之科 集爲一以流通〕'(《대세자집교장발원소》 중)시키고자 하였습니다.

그 후 20년 동안 장소를 수집했는데, 가장 획기적인 수집 활동은 1085년 4월에 임금과 모후에게 편지를 남기고 송나라에 들어간 14개월 동안입니다. 송나라에 있으면서 50여 명의 고승을 만나 각종 교리 문답을 하였고, 1086년에 귀국할 때는 《화엄대부사의론華嚴大不思議論》 등 제종의 교장 3000여 권을 수집하여 귀국하는 성과를 올립니다.

귀국 후에도 의천은 송나라에서 사귀었던 고승들과 계속 연락하면서 국내에 없는 장소를 계속 수집하였고, 마침내 국내는 물론 거란, 일본의 장소까지 두루 수집하여 선종 7년(1090)에 《신편제종교장총록》이라는 목록을 편찬하였습니다.

의천은 《신편제종교장총록》의 서문에서 대장경 목록으로 가장 충실한 《개원석교록開元釋教錄》과 같은 수준의 완벽한 장소 목록을 만들기 위해, 20년의 노력을 기울여 편찬하였다고 밝혔습니다.

그 전까지는 아무런 목록도 없었고, 조사祖師들의 저술은 널리 유통되지도 못하였으며, 국내로 전해오는 장소 가운데는 내용이 뒤섞인 것, 잘못되고 빠진 것도 있었습니다. 그러므로 수집한 장소는 반드시 교감校勘(같은 종류의 여러 책을 비교하여 차이 나는 것들을 바로잡음)을 거쳤고, 조금이라도 잘못된 것은 수록하지 않았습니다. 이러한 자세는 고려시대를 거쳐 조선시대까지 내려오면서 우리나라가 세계적인 인쇄 문화와 기록 문화의 대국이 될 수 있는 밑거름이 되었다고 할 수 있을 것입니다.

다시 한 번 강조하여 말씀드립니다. 의천이 수집, 편찬한 것은 대장경이 아니라 대장경 연구에 필요한 논문, 즉 교장입니다. 용어를 바로 잡고 바로 사용하는 것은, 우리 역사 바로 세우기의 한 걸음이며, 민족 문화의 정체성을 올바로 밝히는 뜻 깊은 작업이라는 점을 기억해주시기 바랍니다.

되살아난 역사, 북관대첩비

김사덕

우리나라에는 수많은 석조 문화재가 있다. 이들 석조 문화재들은 장기간 특별한 보호 시설 없이 야외에서 비와 바람, 대기 오염 등에 직접 노출되어 돌이 떨어져 나가거나 부스러지거나 금이 가거나 이끼류에 오염되는 등 심하게 훼손된다. 여기에 사람에 의한 의도적인 훼손도 있다. 이처럼 갖가지 이유로 훼손된 석조 문화재에 대한 보존 처리를 하다 보면, 문화재가 당한 수난의 흔적을 마주하고 안타까운 마음에 소주 한 잔 생각이 절로 나곤 한다.

특히 자연과 어우러져 고색창연함을 드러내던 문화재들이 몇 해 사이 도굴, 화재, 인위적인 훼손 등으로 인해 손상되었다는 소식에 재조사하러 나가는 일이 생기면, 이 시대를 살아가는 한 사람으로서 죄스러운 마음을 금할 수가 없다. 문화재가 당한 수난의 흔적을 대할 때마다 마음에 걸리는 것은 이쩔 수 없는 직업병인가.

보존 또는 복원 처리 대상의 문화재는 모두 소중한 우리의 역사가 담긴 문화유산이다. 하지만, 보존 처리를 마친 뒤에도 유난히 마음에 남는 문화재가 있다. 내게는 '북관대첩비北關大捷碑'가 그러했다.

북관대첩비, 오랜 세월을 떠돌다

북관대첩비는 선조 25년(1592) 임진왜란 당시 정문부 의병장이 가토 기요마사加藤清正 휘하의 왜군을 격퇴한 공로를 기리기 위해 숙종 34년(1708) 함경북도 길주군(현 김책시)에 세운 전승 기념비이다. 그러나 1905년 러일전쟁 때 일본군이 치욕적인 역사라 하여 반출해 간 뒤, 황실에 있다가 야스쿠니신사靖國神社에 보관되어 있었다.

이를 1909년 당시 유학생이었던 조소앙趙素昻(1887~1958, 독립운동가, 정치사상가) 선생이 우연히 발견하여 비를 가져간 일본을 꾸짖는 글을 유학생 회보인《대한흥학보大韓興學報》제5호에 기고하면서 그 소재가 밝혀지게 되었다. 이후 1978년 최서면崔書勉 도쿄 소재 한국연구원장이 그 기고문을 보고 야스쿠니 신사에서 다시 비를 찾아내면서 북관대첩비의 한국 반환 요구가 시작되었다. 같은 해 해주 정씨 문중의 반환 요청과 1979년 한국 정부의 공식 요청을 비롯하여 민간 차원의 지속적인 반환 노력이 결실을 맺은 것은 비가 반출된 지 100년이 지난 2005년의 일이다.

비의 반환을 위해 관官과 민民, 남과 북을 초월한 많은 사람들의 노력이 있었지만, 그 가운데 나는 초산 스님과 가키누마 센신柿沼洗心(일한불교복지협의회 회장) 스님의 노고를 잊을 수가 없다. 일본인이면서도 한국 문화재들을 원래 위치로 돌려놓는 것이 승려의 본분이라고 생각하여 북관대첩비 반환에 앞장섰던, 더 나아가 이를 통해 한일 관계 개선과 남북한 화해를 도모하고자 했던 가키누마 센신 스님. 그리고 이와 뜻을 같이하며 북관대첩비 반환추진위원회를 결성하여 끊임없이 노력하신 초산 스님! 비 반환에는 이 두 분의 눈물과 노력이 큰 힘이 되었다.

당당한 그 모습을 찾아라

반환이 결정된 뒤의 일이다. 해체는 한국 측에서 하기로 하였다. 그러나 일본은 장비 조달과 여러 가지 우려를 표명하며 일본 측 기술진이 해체하겠다고 밝혀왔다. 보존 처리를 담당한 우리 국립문화재연구소는 해체 과정에서 응급보존 처리가 필요할 것으로 생각되어 일본과 함께 비 해체를 실시하기로 하였다.

2005년 7월, 비의 현황과 해체, 이송 방법 등을 강구하기 위해 일본 야스쿠니신사를 방문하였다. 깔끔하게 정돈된 야스쿠니신사에 들어서니 이제 곧 북관대첩비를 마주할 마음에 매우 설레고 긴장되었다. 그러

야스쿠니신사에 있었던 북관대첩비

나 한참을 들어가 습하고 구석진 그늘 속 허름한 보호각 아래 천덕꾸러기처럼 놓여 있는 북관대첩비를 보고는 안쓰럽고 씁쓸한 마음을 금할 수 없었다.

나무가 우거져 통풍도 제대로 안 되는 신사 한켠 구석에 덩그러니 놓여 있는 북관대첩비는 게다가 마치 벌을 서는 듯 무겁고 조악하기 짝이 없는 지붕돌을 지고 있었다. 원래 유려한 조각의 지붕돌을 이고 있었을 것이다. 지붕돌은 무거운 데다가 시멘트 모르타르(시멘트와 모래를 일정한 비율로 섞어 반죽해놓은 것)로 붙여놓은 상태라 떼어내는 데도 무척 조심스러웠다. 더구나 흘러내린 시멘트 모르타르 자국이 비신의 음각 글씨 안에 파고들어 각자를 훼손시켰을 뿐 아니라 흉물스러운 얼룩이 되어 비신에 퍼져 있었다.

통쾌한 역사를 기록했던 우리 문화재가, 그토록 갈망해오던 문화재가 바윗돌에 눌리고 얼룩진 채, 이렇게 버려져 있었다는 게 가슴 아팠다. 그렇지만 '황산대첩비荒山大捷碑'나 해인사 '사명대사 석장비錫杖碑' 등 일본 침략을 격퇴한 내용을 기록한 기념비들이 일본에 의해 파괴되었던 것에 견주면 파괴되지 않고 현존하는 것만으로도 다행한 일인지도 모른다.

해체해놓고 보니, 비신은 약 480킬로그램, 머릿돌은 약 1000킬로그램, 받침돌은 약 3500킬로그램 정도였다. 가녀린 몸으로 제 무게의 두 배가 넘는 무거운 지붕돌을 받치고 있었으니 비신 곳곳이 균열로 갈라진 것은 물론이다.

한국으로 옮겨 훼손 현황을 정밀히 살펴본 우리는 마음이 급해졌다.

한국에서 전시되는 일정과 북한으로 반환되는 일정을 고려해볼 때 보존 처리를 할 수 있는 시간이 그리 길지 않았고, 보존 상태 또한 좋지 않았기 때문이다. 보존 처리하는 것도 중요하지만, 100년 가까이 일본에 나가 있는 바람에 북관대첩비를 볼 수 없었던 일반인들에게 비를 공개하는 것도 못지않게 중요한 일이었다.

따라서 보존 처리는 전시 일정을 고려하느라 부분적으로 이루어졌

북관대첩비 보존 처리 과정

다. 우선 정밀 현황 조사를 통해 비신의 균열 접착과 비신 표면에 불규칙하게 흘러내린 시멘트 모르타르 자국을 제거하기로 하였고, 한편에서는 연구를 통해 조성 당시의 지붕돌과 받침돌을 추정하여 복원하기로 하였다.

먼저 암석 조사, 오염물 분석 등 과학적 조사가 이루어졌다. 실측 작업을 통한 복원 작업도 진행되었다. 일본이 얹어놓은 약 1000킬로그램의 지붕돌, 그 핍박의 역사를 벗어던지고, 북관대첩비 조성 당시와 유사한 시기에 조성된 '명량대첩비鳴梁大捷碑'(보물 제503호, 1688년 제작)와 '백련사사적비白蓮寺事蹟碑'(보물 제1396호, 1681년 제작) 등의 지붕돌을 참고하여 복원키로 하였다. 여러 학계 전문가들의 자문도 받았다.

보존 처리에서 가장 어려운 것은 비신 음각 각자에 스며든 시멘트 모르타르의 제거였다. 글자는 약 1.5센티미터 정도로 매우 작았고, 음각의 깊이도 깊지 않았다. 자칫하면 글자의 중요한 획을 그르칠 수도 있었기에 한 획 한 획 다치지 않도록 증류수를 붓고 바늘로 조금씩 제거하다 보니 며칠 동안 밤샘을 하지 않을 수 없었다. 각자 속에 스민 시멘트 모르타르를 제거하느라 그야말로 진땀을 뺐다.

시멘트 모르타르 제거 작업이 끝난 후에는 비신 전체에 얼룩진 오염물을 제거하였다. 비는 오랜 세월에 걸쳐 표면의 풍화가 진행되었기 때문에 오염물을 제거할 때도 표면에 최대한 무리를 주지 않도록 했다. 우리는 의료계에서 주로 사용하는 레이저클리닝기가 검은색의 오염물을 표면 손상 없이 제거하는 데 유용하다는 실험 데이터에 따라 비신에 불규칙하게 퍼져 있는 진한 회색의 얼룩 오염물을 제거하는 데 이를 사용하였다.

균열부에는 에폭시 수지를 주입하였고, 지붕돌과 받침돌을 연결하는 부분에 접착되어 있던 시멘트 모르타르는 깨끗이 제거하였다.

한동안 주말도 반납하고 작업한 덕분에 무사히 보존 처리를 마칠 수 있었다. 복원된 지붕돌과 받침돌도 조립하고 나니, 비로소 북관대첩비가 지녀온 오랜 동안의 수난이 가신 듯했고, 함께 고생한 보존과학연구실의 이주완·신은정 씨와 얼굴을 마주보며 뿌듯함을 함께하였다.

딸 시집보내는 마음이 이러할까

보존 처리 작업 중간 중간에 국민에게 전시하는 일정도 동시에 수행하여야 했다. 10월 20일 환국고유제를 가진 후 일차 작업을 거쳐 10월 28일 새로이 문을 여는 국립중앙박물관에서 짧은 전시기간을 가졌으며, 지붕돌을 새로 얹은 후 경복궁 앞 뜰에서 다시 국민에게 공개되었다. 소식을 듣고 찾아온 많은 사람들이 북관대첩비를 둘러싸고 관람하는 것을 지켜보니 감회가 새로웠다.

야스쿠니신사의 통풍도 잘 안 되던 그 습한 구석에 1000킬로그램이 넘는 머릿돌을 죄인처럼 쓰고 있던 북관대첩비가 우리나라 최고의 전시공간에서, 그리고 정갈한 고궁에서 새롭게 단장된 모습으로 관람객들의 감탄을 받고 있었던 것이다. 그 모습을 가슴 벅차게 바라보는 초산 스님을 뵙고 있노라니 숙연한 마음마저 들었다.

그렇게 전시되어 있던 북관대첩비는 2006년 3월 1일, 북한 개성으로 이관되어 인도 인수식을 갖게 되었다. 한동안 보존 처리를 하느라 함께했던 북관대첩비를 북한으로 보내는 마음이 시원섭섭하였다. 나중에 우리 딸을 시집보낼 때도 이런 마음이 아닐까? 어쨌든 북관대첩비의 보존 처리를 담당한 덕분에 나는 북한 개성 구경까지 가게 되었으니, 북관대첩비는 자신을 깨끗이 닦아준 은혜를 톡톡히 갚은 셈이다.

2006년 3월 23일 북한 함경북도 김책시 임명리에 복원된 북관대첩비는 현재 북한 국보 유적 제193호로 등록되어 역사적 가치를 되찾았다고 한다. 훼손되어 보존 처리를 하기 위해 연구소를 거쳐간 수많은 문화재들 가운데 소중하지 않은 것이 하나 없지만 북관대첩비는 자유로이 가볼 수 없는 곳으로 보내야 했기에 같이 있는 시간 동안 더욱 애착이 컸던 것 같다.

함경도 김책시 임명리에 복원된 북관대첩비

세상은 달라지고 있다. 문화재의 보존을 위해서는 민民과 관官이 둘이 아니고, 남과 북이 둘이 아닌 것이다. 북관대첩비의 반환도 관과 민이, 남과 북이 한목소리를 내었기에 다시 돌아올 수 있었으며, 훼손된 수난의 흔적을 지울 수 있었다. 특히 북관대첩비 환국은 민간인이 나서 시작하고 정부가 마무리하는 사례로서 약탈 문화재 환수에 새로운 모범 사례를 만들었다는 점에서 큰 의미가 있다.

남북 교류의 문화재 사절단으로서 첫 테이프를 끊은 의미 깊은 북관대첩비는 한국에 머물렀던 시간은 비록 짧았지만 깊은 인상을 주었다. 우리가 애써 처리한 것이니만큼 한국에서 건립되기를 바랐던 마음도 없진 않았지만 다시 제자리를 찾아 소중함을 인정받고 있다고 하니 그걸로 만족해야겠다. 우리 손과 기술로 복원된 문화재가 남북 교류의 새로운 장을 연다는 것만으로도 충분히 행복한 일이었고, 또 잊지 못할 기억이다.

경복궁에서
DNA를 연구하다 / 서민석

1999년 국립문화재연구소 보존과학연구실에서는 1996년 전남 나주 복암리 고분군의 한 옹관에서 출토된 인골에 관심을 갖게 되었습니다. 인골은 옹관 내에서 한 구가 아니라 두 구가 서로 겹쳐진 상태로 출토되었는데, 매장된 두 사람의 관계가 의심스러웠기 때문입니다.

당시 보존과학연구실 보존생물팀 이규식(현 보존과학연구실장) 팀장은 이 의문을 과학적으로 해석하고자 국립과학수사연구소 유전자분석실과 공동 연구를 추진하였으며, 그 결과 두 인골의 모계가 일치함을 밝혀냈습니다. 두 사람은 남매 또는 모자 관계일 수도 있고, 혹시 부부라면 근친혼의 근거가 될 수 있다는 흥미로운 이야기가 보도되기도 했습니다.

당시만 해도 유전자 분석에 관한 연구는 국립과학수사연구소의 협조로 진행되었으나, 나주 복암리 인골 분석을 계기로 국립문화재연구소는 독자적으로 유전자 분석 연구를 수행할 수 있다는 가능성과 의욕을 갖게 되었습니다. 그래서 2000년에 국립문화재연구소가 유전자 분석 기자재를 도입하였으며, 당시 대학원을 석사로 졸업한 제가 연구소에 발을 들여놓을 수 있게 되었습니다.

문화재 연구하는 곳에서 뭘 분석한다고?

그때는 제가 생물학적 이슈가 되었던 인간의 노화와 불치병인 암의 발생을 억제하는 연구에 관심을 가지고 있었을 때였습니다. 국립문화재연구소가 유전자 분석 연구원을 채용한다는 소식을 듣고는 믿지를 않았습니다. 문화재를 연구하는 곳에서 유전자 분석이라니…… 문화재 연구는 마음에 와 닿지가 않았고, 인골 분석이라는 연구 주제에는 흥미 도 없었습니다.

그런데 국내외 고대 인골 연구 논문을 찾아보다가, 국내에는 이와 같 은 연구가 거의 이루어지지 않았다는 사실을 알게 되었습니다. 그렇다 면 해외는 어떠한가? 독일에는 이미 수만 년 전 인류의 조상인 네안데 르탈인의 유전자를 해석하는 첨단 기술이 있었으며, 그 성공 사례를 여 러 차례 발표하였습니다. 아시아에서는 일본이 자체적으로 학회(고대 DNA학회)까지 설립하고 있었습니다. 외국에서 진행된 여러 사례들을 조 사하고 관련 논문들을 읽다 보니, 유전자를 통해 개인의 동정, 민족과 인류의 기원, 질병, 노화 등을 연구한다는 것이 매우 흥미로운 연구 주

경복궁 안에 있던 국립문화재연구소(2003년)

제로 생각되었으며, 아직까지 국내에서는 개척되지 않은 분야라는 사실에 도전 의식도 생겨났습니다. 2000년 여름, 어느덧 저는 국립문화재연구소로 발길을 옮기고 있었습니다.

당시 국립문화재연구소 유전자 분석 장비는 경복궁 안에 있는 낡은 5층 건물의 2층 복도 계단 옆에 겨우 한 평 정도의 공간을 확보한 보존생물실에 자리 잡고 있었습니다. 유전자 분석을 위한 이 공간에는 중합효소연쇄반응기(Polymerase Chain Reaction, 원하는 DNA 부위를 매우 빠르게 대량으로 증폭하는 장치), 전기영동기(Electrophoresis, DNA를 크기에 따라 분리하는 장치), 멸균상자(Clean Bench) 등이 일렬로 있었습니다. 좁디좁은 공간에서 이와 같은 기본 설비만을 가지고 실험을 한다는 상황이 무척 난감하기도 했습니다.

처음으로 저에게 주어진 인골은 경남 사천 늑도에서 출토된 인골이었습니다. 사천 늑도 인골은 동아대학교박물관에서 출토한 기원전 시기의 인골로 2000년이 넘은 아주 오래된 것이었습니다. 수만 년 전 네안데르탈인도 분석하는 21세기 첨단 과학 시대에 겨우 2000년 전 인골의 유전자 분석이 안 되겠는가 하는 생각이 들었습니다. 여러 문헌과 참고 논문에서 나온 방법을 동원하여 밤을 지새워가며 분석한 날도 적지 않았습니다. 하지만, 사천 늑도 인골에서는 사람의 DNA가 전혀 나오지 않았습니다. 결과는 늘 허탕이었으며, 연구에 대한 후회도 생기기 시작했습니다.

'초심'이라는 단어를 떠올리지 않을 수 없었습니다. '처음부터 차근차근, 대학원에서 연구라는 것을 시작할 때의 마음으로 다시 시작해보자!' 우선 연구소에 있는 기자재부터 점검하면서 그 성능을 테스트해보아야겠다는 생각을 했습니다. 그래서 저의 모교 대학원에서 미생물을 가지고 와서 DNA 추출을 시도해보았습니다. 연구소 기자재인 DNA 추출 및 증폭 장비, 유전자 증폭 시약 등을 점검하였으며, 미생물 유전자가 분석되는지도 알아보았습니다. 이러한 방법으로, 그동안 발생한 문제점이나 간과하고 넘어갔던 부분들에 대해서 수정과 반복 실험을 계속한 끝에 결국 미생물 DNA를 사진으로 담아낼 수 있었습니다.

실험실 기자재와 시약들은 제가 들어오기 전에 구입한 것들이었습니다. 시약의 보관 상태나 기기 상태의 점검 없이 단순히 상표만 믿고 썼던 것이 문제였습니다. 이후 곧바로 사천 늑도 인골의 DNA 추출을 시

서천 옥남리 발굴 터에서의 인골 채취

인골의 유전자 분석 실험

도하였습니다. 인골 시료가 적기도 했지만, 인골도 문화재라는 생각으로 아껴가면서 반복적으로 추출한 결과, 2000년 전 인골 DNA가 눈에 보이기 시작했습니다. 성공의 순간이었습니다.

당시 저와 함께 연구를 진행하던 정용재 박사(현 보존과학연구실 학예연구사)와 서로 하이파이브를 하면서 환호성을 올렸습니다. 마침내 해냈다는 안도감과 이제 연구에 박차를 가할 수 있다는 흥분으로, 광화문의 밤거리를 늦게까지 거닐었습니다.

그날 밤이었습니다. 연구소 전경이 눈에 들어왔습니다. 평소 친구들과 이야기할 때마다 출근을 '입궐'이라 하고, 퇴근을 '퇴궐'에 비유하면서, 경복궁 내에 연구소가 있다는 사실을 알려주었습니다. 시약을 판매하는 영업사원들은 수소문 끝에 연구소를 찾아와서는 매번 놀라곤 했습니다. 경복궁에서 이런 연구를 하고 있을 거라는 생각은 전혀 못 했다는 것이었습니다. 신촌의 여러 대학들을 방문하고 대학로 인근의 병원으로 납품하러 가느라 늘 광화문을 지나다녔지만, 경복궁에서 유전자 분석에 대한 연구를 하고 있을 거라는 생각은 꿈에도 하지 못했다는 것이었습니다. 그래서 저는 이런 이야기를 해주었습니다. 조선 왕조 500년 역사 동안 경복궁에서 DNA를 분석한 일은 이것이 처음일 것이라고요. 실록이 지금도 존재한다면 '경복궁에서 DNA를 연구하다'라는 항목도 들어가지 않았을까 생각해봅니다.

유전자 분석 연구, 그 밝은 미래에 거는 기대

경복궁에서 해낸 DNA 연구는 여러 의미가 있습니다. 문화재 보존 과학 분야에서 새로운 패러다임의 시작을 알리는 신호였다고 할까요? 기존의 보존 과학 분야는 유물을 보존하고 예방하는 연구가 주류였습니다. 유적지에서 나오는 유물이 역사적 사실을 밝히는 데 제일 중요하다고 여겨져 왔기 때문입니다. 하지만 1년 동안 실험을 진행하고 완성하면서 저에게는 출토 유물이 아닌 '고대 인골의 DNA 연구'에 대한 의욕과 희망이 생겼습니다. 그리고 한 가지 목표도 생겼습니다. 바로 국정 국사 교과서 표지에 빗살무늬토기 사진과 함께 출토 인골의 DNA 분석 사진을 넣는다는 것이었습니다.

　역사적인 사실은 시야에 드러나는 유물에서 밝혀질 수 있지만, 고대 인골 같은 유기 물질에서도 과학적인 증거를 뽑아낼 수 있습니다. 이러한 연구 결과들이 쌓이면 고대사를 재해석하거나 이해하는 데 도움이 될 수 있을 것이며, 한민족의 기원 및 정체성과 관련한 주변국들 사이의 이해관계를 좀 더 명확히 하는 데 첨병 같은 역할을 하지 않을까 생각합니다. 이러한 연구가 활성화되면서 문화재 보존 과학의 패러다임은 '유물의 보존'에서 '정보의 보존'으로 바뀌고, 나아가 '사회의 보존'으로 발전해나갈 것으로 기대합니다.

국립문화재연구소의 유전자 분석 연구는 2007년 현재, 과학기술부에서 검증하는 국가 연구 개발 사업 중 '한민족 고대 특이 문화 분석 연구 사업'으로 발전하였습니다. 연구비도 6년 동안(2006~2011년) 매년 10억 원이 투자됩니다. 현재 국립문화재연구소와 수십 명의 국내외 연구자들이 참여하고 있는 이 연구 사업은 고대 인골, 도자기, 토기, 복식, 토양, 고미생물, 고대 유기물 성분 등 다양한 고대 시료의 과학적 분석을 통하여 한민족의 근원을 파헤치는 데 그 목적이 있습니다.

한민족 고대 특이 문화 분석 연구팀

요즘 유행하는 과학 수사 드라마 〈CSI〉가 증거 분석을 통하여 사건을 해결하는 것처럼, 고대 유물과 유적지에서 얻을 수 있는 증거로도 역사적인 사실이나 알려지지 않은 고대인들의 행동 양식을 밝혀낼 수 있습니다. 그 동질성의 맥락에서 드라마 'CSI'의 'Crime Scene Investigation'(과학 수사대)을 'Conservation Science of Information'(정보 보존 과학)이라는 단어로 바꿔치기 할 수 있다는 것에서 소소한 즐거움을 느낍니다.

경복궁에서 유전자 분석을 시작한 지 벌써 7년이 지나가고 있습니다. 경복궁을 떠나 현재 대전광역시 대덕연구단지에 둥지를 틀고 있는 국립문화재연구소는 2008년 완공을 예정으로 가칭 '문화재종합병원'을 설립하고 있습니다. 이 병원에서는 유전자 분석 연구실이 독립적인 공

대덕연구단지에 있는 현 국립문화재연구소

간을 마련, 오염되지 않는 연구 환경을 유지하면서 실질적인 고대 정보 분석 연구를 중점적으로 실시할 것입니다.

경복궁 내에 있던 한 평 남짓한 공간에서 출발한 유전자 분석 연구가 이제는 아시아에서 '고대 유전자 연구'의 허브 역할을 할 수 있는 자리까지 나아가게 되었습니다. 앞으로 더 많은 연구자들과 함께 유전자 분석 등 정보 분석 연구를 지속적으로 발전시켜나가길 기대합니다.

5

눈 뜨다

그리고

마음 주다

개량 온돌의 원조 / 최종덕

지금 우리가 '전통 온돌' 대용으로 쓰고 있는 '개량 온돌'의 발명자는 누구일까? 아궁이에 불을 넣어서 방바닥을 데우는 것이 한옥의 전통적인 난방 방법인 '전통 온돌'이라면, 요즘 우리나라의 아파트나 주택에서 흔히 쓰이고 있는 온수 파이프에 의한 온돌은 '개량 온돌'이라고 할 수 있을 것이다. 그런데 이 개량 온돌의 탄생 배경이 우리의 슬픈 근대사와 관련되었다면, 이는 문화의 아이러니인가?

나는 몇 년 전 미국의 한 대학에서 건축사 강의를 들었는데, 당시 수업 시간에 뜻하지 않게 한국의 온돌에 관한 이야기를 듣고 묘한 흥분에 휩싸인 적이 있다. 이야기는 이렇다.

뉴욕에 있는 '구겐하임 미술관' 등을 설계한 것으로 유명한 '프랭크 로이드 라이트Frank Lloyd Wright'(1867~1959)라는 미국 건축가가 있다. 미국에서는 영웅적 이미지로 인해 그가 설계한 건축물들은 사회적 관심의 대상이 되는 것은 물론 만약 철거한다는 소문이 있으면 라이트의 건축물을 지키려는 운동이 '벌 떼' 같은 기세로 일어나곤 한다.

미국 오레곤 주에 1956년 라이트가 설계한 '고던 하우스Gordon House'라는 주택이 있다. 집 주인이 2000년에 팔았는데, 새로운 집 주인은 이 집을 철거하고 주변을 개발할 계획이었다. 이 소식이 알려지자, 미국 전역에서 라이트의 '고던 하우스'를 지키자는 보존 운동이 일어났다. 마침내 여기에 굴복한 소유주는 100일 이내에 다른 지역으로 옮겨가는 조건으로 집을 공익 단체에 기증하게 되었다. 2001년, 결국 이 집은 세 개의 토막으로 분리, 거대한 트럭에 실려 원 위치에서 약 40킬로미터 떨어진 '오레곤 가든Oregon Garden'이라는 공원에 다시 세워졌다.

라이트의 고던 하우스가 트럭에 실려 옮겨가는 광경은 CNN을 통해 미국 전역에 생중계되었다. 또한, 이 집을 옮기는 과정에 대한 이야기는 《고던 하우스 옮기기The Gordon House: A Moving Experience》라는 책으로 자세히 소개되었다.

우리가 이 고던 하우스에서 주목하는 것은 방과 거실 바닥을 데우기 위해 깐 온수 파이프이다. 1914년, 라이트는 제국호텔Imperial Hotel을 설계하기 위해 일본 도쿄를 방문했다. 어느 추운 겨울날, 호텔 설계를 의뢰한 일본 왕족의 초대를 받고 신기한 방으로 안내되었는데, 그때 라이트는 그 방에서 지금까지 경험하지 못한 안락함을 경험하고 "이 방이 왜 이렇게 안락한가"라고 물었다. '한국식 방Korean Room'이라는 답과 함께 그 원리를 듣고 크게 감명 받은 그는, 당시 그가 설계하던 제국호텔의 욕실에 한국의 온돌을 적용했다. 미국으로 돌아온 뒤에도 여

프랭크 로이드 라이트(가운데)

러 채의 주택에 한국의 온돌을 적용했는데, 그 중의 하나가 고던 하우스이다.

라이트가 경험한 한옥은 도대체 어떻게 일본에 지어진 것일까? 그 강의를 들은 후 늘 궁금하던 차에 어느 날 뜻하지 않게 그 답을 찾을 수 있었다. 얼마 전, 목원대학교 김정동 교수 강의를 들을 기회가 있었다. 그때 나는 라이트가 경험하고 탄복한 바로 그 집이 경복궁의 동궁인 '자선당資善堂'일 것이란 생각을 갖게 되었다. 김정동 교수의 강의 요지는 다음과 같다.

'오쿠라 기하치로大倉喜八郎'라는 일본인이 1914년 경복궁의 자선당을 일본으로 가져다가 자신의 집에 옮겨놓고 미술관으로 사용했다. 이 건물은 1923년 발생한 지진으로 불타고 화강암으로 된 월대만 남았다. 그 후 이 월대는 오쿠라 호텔의 경내에 방치되어오다가 김정동 교수에

라이트가 설계한 고던 하우스

의해 발견되어 1996년 한국으로 반환되었다. 그러나 이 돌들은 화재로 인해 약화되어 경복궁 동궁 복원 시 자선당의 월대로 사용할 수가 없었다. 현재 이 부재들은 명성황후 시해 장소인 경복궁 건청궁乾淸宮 부근으로 옮겨져 있다.

라이트의 자서전을 뒤져보면 나머지 해답을 찾을 수 있을 것 같았다. 예상대로 라이트는 그의 《자서전An Autobiography》에서 세 페이지에 걸쳐 한국의 온돌에 대한 그의 경험과 이에 대한 적용 사례를 자세히 밝히고 있다.

1914년 겨울, 라이트는 제국호텔 설계를 시작하기 위해 호텔 설계를 의뢰한 도쿄에 있는 '베런 오쿠라Baron Okura'의 집으로 저녁 초대를 받았다. 당시 일본의 보편적인 난방은 '히바치hibachi'라는 것이었는데, 이는 흰 재 밑에 몇 개의 숯 막대를 채워서 둥근 그릇에 담아 방바닥에 두는 방식이었다. 사람들이 그 주변에 둘러 앉아 이따금씩 그 위에 잠깐 손을 올려 주먹을 쥐었다 폈다 하며 추위를 쫓았다. 그러나 이러한 난방 방식은 항상 만족스럽지 못했다.

라이트 일행은 추위에 떨어야 한다는 것을 잘 알고 있었지만, 오쿠라의 저녁 초대에 응했다. 오쿠라는 일본 황궁 주변에 여러 채의 집을 소유하고 있었다. 예상대로 저녁 식사 장소는 너무 추워 식사를 할 수 없어서 라이트는 겨우 먹는 시늉만 했다. 저녁 식사 후, 라이트는 '한국식 방Korean room'이라고 불리는 곳으로 안내되었다. 이 방은 넓이가 약 12피트에 24피트(약 3.6미터에 7.3미터)였고, 높이가 약 7~8피트(약 2.1~2.4미터)였다. 바닥에는 붉은 융단이 깔려 있었고, 벽은 아주 평평했

경복궁 건청궁 옆의 자선당 부재들(위)

새로 복원된 경복궁 자선당(아래)

한국의 온돌을 적용한 제국호텔

으며 연노랑 색을 띠고 있었다.

그런데 기적이 일어났다. 날씨가 바뀐 것이다. 갑자기 봄이 된 듯했다. 라이트 일행의 몸은 따뜻해져 행복감이 밀려왔다. 그러나 어디에도 난방을 위한 장치는 보이지 않았다. 난방이 아니라 기후가 변한 것 같았다. 이것이 바로 자연 친화적인 난방이 아닌가!

오쿠라는 바닥 밑에서 불을 넣는 온돌의 원리를 설명했다. 밑으로부터의 난방은 믿을 수 없을 만큼 쾌적했다. 이를 경험한 라이트는 즉시 제국호텔의 욕실 바닥에 전기를 이용한 온돌을 적용했다. 이렇게 함으로써 타일로 된 바닥은 항상 따뜻하게 되었다. 따뜻한 욕실 바닥을 맨발로 들어가는 것은 즐거운 일이었다. 보기 흉한 전기 난방기들은 모두 제거될 수 있었다. 또한 바닥을 따뜻하게 함으로써 더 낮은 온도로 더 쾌적한 난방이 가능해졌다. 인공적인 공간에 훨씬 건강한 자연적인 기후가 만들어진 것이다.

라이트는 미국으로 돌아간 후, 그 뒤부터 설계한 30채 이상의 건축물에 '개량 온돌'을 적용했다. 라이트는 바닥을 데우는 난방 방식을 가장 이상적인 난방 방식으로 보고 태양열보다 좋은 난방이라고 극찬했다.

김정동 교수가 말하는 오쿠라 기하치로와 라이트가 말하는 베런 오쿠라라는 인물이 동일인인지 아닌지는 좀 더 연구해볼 필요가 있다. 당시 오쿠라는 사업으로 많은 돈을 벌어 '남작'의 작위를 가진 일본 귀족 신분이었다. 남작이라는 작위는 일본 귀족의 작위 중 가장 낮은 등급의 작위였다. 그런데 오쿠라 앞에 붙여진 '베런Baron'이라는 수식어는 영국의 작위 이름으로 가장 낮은 등급의 작위였다. 이러한 점을 감안하면 오쿠라 기하치로가 바로 베런 오쿠라이고, 라이트가 경험한 건물이 자선당일 가능성이 크다.

라이트의 자서전을 덮는 순간, 코끝이 시큰해진다. 다른 나라의 강의실에서 처음으로 우리 온돌의 우수성을 듣던 흥분과는 정반대의 숙연한 기분으로 나는 이불 속 따뜻한 방바닥에 뺨을 갖다 대본다.

돌 같은 민족 / 소재구

어떤 사람의 품성을 두고 '꽃 같다, 불 같다, 물 같다, 가시 같다, 저녁노을 같다……'라는 식으로 표현한다. 그렇다면 우리는 어떤 민족일까? 우리 민족에게는 어떤 기질이 내재되어 있는가? 결론부터 말하자면, 우리는 '돌 같은 민족'이다. 영원히 돌의 속성을 지니고 살아가야 하는 겨레이다.

이 땅에 처음 들어선 나라 고조선과 단군왕검의 이야기는 청동기시대를 배경으로 하고 있다. 청동기를 만들어 쓴 것은 말 그대로 획기적인 일이었지만, 생산 도구는 여전히 돌도끼, 돌칼, 반달칼 등 석기였다. 귀하디귀한 청동으로는 제례 용구, 장신구, 무기 같은 것만 만들었다. 커다란 바윗돌로 선돌을 세우고, 돌무더기로 서낭당을 지었으며, 족장의 무덤은 거대한 고인돌로 축조하였다. 그리하여 우리나라는 고인돌의 나라가 되었다.

문자를 사용하고 유학과 불교를 받아들이면서 우리의 돌 문화는 더 비약적인 발전을 거두었다. 삼국은 방방곡곡에 산성을 쌓았고, 궁궐에는 왕성, 왕도에는 도성을 쌓았는데, 거의 전부가 돌을 재료로 하였다. 그뿐인가. 돌다리도 놓고, 돌담장도 두르고, 돌우물도 짜고, 석축을 쌓아 집터도 다지고, 주춧돌을 놓아 집을 지었다. 석비, 석탑, 부도, 석등, 석불 등도 헤아릴 수 없을 만큼 많이 만들었다. 국보나 보물로 지정된 석조 문화재는 전체 문화재의 30퍼센트를 넘나든다.

우리는 산이 있으되 바위가 없으면 명산이라 하지 않았고, 시냇물 골짜기에도 돌이 없으면 즐겨 찾지 않았다. 커다란 바윗돌이 있으면 손모아 공을 들이고, 만져도 보고, 올라가도 보고, 그 곁에서 사진도 찍는

다. 밥도 돌솥밥이 맛있고, 고기도 돌판에 구어야 제 맛이다. 우리는 돌에서 터득한 돌 같은 거친 맛을 한껏 즐기며 살아왔다. 돌, 돌, 돌…, 우리는 왜 이다지도 돌을 사랑하는가?

간단하다. 지천에 널린 게 돌이다. 우리는 눈만 뜨면 돌을 보며 살아왔다. 돌은 세월이 흘러도 변함이 없고, 영원함을 기약해준다. 때로는 신령스럽고 때로는 아름답다. 진실된 영원함, 아름다움, 웅대함, 자연스러움 등 돌의 미학을 끌어안고 수천 년을 살아왔다. 그것도 거칠고 거친 우리 땅 특유의 화강암에 묘한 애정을 느끼며, 우리는 돌의 민족이 되었던 것이다.

거친 맛에 산다

덜커덩 방아나 찧어 휴-

거치른 밥이나 지어 휴-

어마님 아바님게 바치고

남기시거든 내 먹으리 휴- 휴-

– 작가 미상, 〈상저가相杵歌〉(방아찧기 노래, 고려 가요)

그 옛날 우리 어머니들은 허구한 날 돌절구에 껍질 곡식을 넣고 방아
찧어 밥을 지었다. 돌확에 마늘과 붉은 고추를 갈아 생김치도 버무리고,
장 담글 땐 삶은 메주콩도 으깼다. 매일 먹고 살아가는 방편이 바로 돌
과 만남이었다. 빨래는 시냇가에서 물에 적셔 돌판에 문지르고 두들겼
으며, 풀 먹인 질베(무명베)는 잘 말려 다듬잇돌 위에서 마구 두들겼다.

맷돌

아버지는 농기구를 지고 소를 몰고 밭으로 나가 돌밭을 일구었다. 고르고 또 골라내도 하 세월! 돌 고르기는 계속되고, 밭가에는 돌둑이 쌓였다. 계집아이들은 공기놀이, 사방치기를 하고, 사내아이들은 비석 맞히기 또는 시냇가 바위틈을 뒤적이며 가재와 물고기를 잡았다.

일상생활과 돌은 떼려야 뗄 수 없는 관계였다. 그런 생활 속에서 말도 거칠어졌다. 우리말에는 기상천외한 욕설이 많다. 일례로 '나쁜 놈'을 의미하는 표현은 '죽일 놈, ×할 놈, ×새끼, ×같은 놈, 육시할 놈, 오살할 놈, 썩을 놈, 망할 놈, 창시 빠진 놈, 빌어먹을 놈, 빌어먹다 턱 떨어질 놈, 능지처참할 놈……' 등 그 거친 말투는 끝이 없다. 평상적인 언어도 '예뻐 죽겠다. 미워 죽겠다, 배고파 죽겠다, 환장(장이 뒤집힘)하겠다, 내가 미쳐, 기가 막혀(죽음을 의미)……' 정말 거칠다.

말뿐인가? 김치는 찢어 먹어야 맛있고, 닭고기, 개고기, 생선구이는 뜯어놔야 군침이 돈다. 감자전, 부추전, 파전, 빈대떡 등 부침개도 칼로 썰어 먹는 것보다 뜯어 먹어야 제 맛이다. 수제비는 생긴 대로, 나물은 손으로 주무른 대로 마구 버무린 대로 먹으며 맛있다 한다. 그것도 부족하면 이것저것 쏟아 넣고 그냥 비벼 먹는다. 너무 맛있다. 한국 아이들에게 사탕을 주면 몇 번 빨다 으드득 부숴 먹는다. 외국 아이들은 끝까지 빨아 먹는다. 식혜, 갈아 만든 배, 쌕쌕 오렌지 등 씹히는 게 있는 거친 음료수가 불티나게 팔렸던 곳이 한국이다.

쓰던 것이 고장 나면 일단 한 대 때리고 본다. 고장 난 시계, 잘 안 나오는 텔레비전과 라디오, 안 열리는 자물통, 달아오르지 않는 전기다리미 등은 우리들한테 숱하게 얻어맞고 한 번쯤은 재가동되었다. 심지어

석굴암 본존불

화투를 치거나 친구들끼리 놀이를 하면서도 우리는 숱하게 손목이나 이마를 얻어맞는 시합을 즐겼다. "내 말이 거짓말이면 나 열 대 때려." 어렸을 때 입에 달고 다니던 말이다.

거친 것에서 느끼는 오묘한 애정이 우리에게 살아있다. 그러나 우리는 거칠어도 악랄하지 않다. 거침은 오히려 삶에 대한 적극적인 의지의 표출일 수 있다. 판소리나 전통 민요의 발성을 들어보라. 그 거친 음조에서 슬픔과 기쁨을 동시에 터트려 감동을 받는 민족이 바로 우리다. 그뿐인가. 기분 나쁠 때 욕이 나오긴 하지만 상대방이 너무 좋아도 욕을 한다. 기분 좋아서 막 때려주기도 한다. 사제지간, 선후배간에도 매 끝에 정이 들고, 혹독한 시집살이 끝에 고부간의 정이 맺어지기도 하였다.

우리가 자랑스러워하는 석굴암을 보라. 이 세상 수억만 구의 불상 중에서 우리의 석굴암 불상을 능가하는 작품은 없다. 말쑥한 석가탑, 아름다운 다보탑, 한국에서 가장 잘 만들어진 다각 다층 석탑인 월정사팔각구층석탑, 투박하면서도 웅장한 익산 미륵사지석탑, 돌아서는 발길을 다시 붙잡는 부여 정림사지오층석탑 등은 우리의 보배로운 석조 문화재이다. 그러나 가까이 다가서서 자세히 보라. 마지막 끝손질은 결코 갈아낸 것이 아니라 두들겨 다듬은 것이다. 왜?

우리 조상들은 돌의 속성이 거칠다는 것을 간파하였다. 그래서 마지막 손질까지도 돌의 형질을 나투어주느라 부드러운 표현마저도 최소한의 거친 손맛으로써 돌의 거친 생명을 드러내주었던 것이다.

자, 스스로에게 물어보자. '님이여, 돌이 되소서'라고 한다면, 산 위의 바위나 석가탑 같은 거친 돌이 되겠는가? 아니면 물갈이하여 번들거리는 호텔 인테리어용 돌이 되겠는가?

각양각색이지만 뭉치면 더 아름답다

믿어도 되나요 당신의 마음을 / 흘러가는 구름은 아니겠지요
믿어도 되나요 당신의 눈동자 / 구름 속의 태양은 아니겠지요
사랑한단 그 말 너무 정다워 / 영원히 잊지를 못해
철없이 믿어버린 당신의 그 입술 / 떨어지는 앵두는 아니겠지요

나는 가수 최헌이 불렀던 이 노래를 좋아한다. 그러나 이 노래의 제

목이 왜 '앵두'인지 이해할 수가 없다. 우리는 노래만 맘에 들면 가사가 어떻든 상관이 없다. 정확하게 자꾸 따지지 않고 그냥 재밌으면 불러버린다.

신석기시대부터 수천 년 동안 쌀농사 지어 쌀밥 해먹고 살아왔어도 씻은 쌀 1리터에 물 1.2리터를 붓고 1000도의 불로 11분 끓인 후 700도의 불로 6분 뜸 들인다는 식으로 밥 짓는 법이 정해진 것은 없다. 그냥 솥에 쌀 넣고 물 붓고 손 얹어봐서 적당하다 싶으면 불 때고, 솥뚜껑 들썩이는 거 봐서 아궁이불 끄집어내고…… 밥만 잘 된다. 김치는 어떤가. 적당히 절여서 적당히 양념하고 적당히 묻었다가 잘 익으면 뚝뚝 썰어 먹는다. 정확한 것이 사는 데 무슨 소용이 있나 싶다.

그것도 돌을 닮아 그렇다. 원래 돌이란 암만 정확하게 끊어내도 오차가 있다. 어디를 가나 부근에 유명한 국보, 보물급 석탑이 있을 것이니 한 번 줄자 가지고 가서 사면을 재어보시라. 각 면의 길이나 너비가 모

함평 고막다리

두 똑같으면 내가 손에 장을 지진다. 석굴암, 다보탑도 예외일 수 없다.
돌은 한 번 때려 수치가 어긋나면 바로잡을 수가 없다. 나무는 갈아 끼
면 되고 그림은 종이 가져다 다시 그리면 된다. 그러나 돌은 일단 떼어
내면 그냥 써야 한다.

석불상이든 석탑이든 비석이든 단 한 번에 일을 끝내는 것이다. 수정
을 용납하질 않는다. 그래서 명작의 석조물은 석공의 숙련된 솜씨와 혼
을 쏟아 넣는 쇠망치질의 감각으로 완성된다. 오차는 얼마든지 있을 수
있다. 그러나 아름답다. 그리고 섣불리 흉내 낼 수 없다. 세상의 그림,
도자기, 불상 등 전통 문화재 중에는 진짜를 무색하게 하는 가짜들이
비일비재하다. 그러나 석조 문화재는 예외이다. 현대인의 솜씨로는 그

청도 원동의 돌담

것도 기계 공구로 덤벼드는 오늘날의 난다 긴다는 석공들도 다보탑 옆에서 다보탑을 깎으라 하면 두 손 들어버린다.

돌끼리의 맞춤새는 정확할 때보다 부정확할 때 더욱 아름답다. 우리의 돌담을 보라. 각양각색의 돌이 한데 어우러져 이루어놓은 아름다움은 국보급이다. 틈이 듬성듬성 나 있지만 우리끼리는 이 틈이 있어서 살맛이 난다. 바람도 드나들고 다람쥐, 토끼도 드나들고 이끼도 피고 진달래, 철쭉도 핀다. 틈, 틈, 이 얼마나 아름다운 여지인가. 우리는 각양각색이지만, 뭉치면 더 아름다운 민족이다. 별 것 아닌 것 같은 반찬과 밥덩이가 엉겨 비빔밥과 같은 기막힌 맛을 내지 않는가.

돌과 같은 성정을 지닌 우리들. 우리는 남을 부리기도 하고 부림을 받기도 하며 사람과 사람 사이에 끊임없이 접촉하며 산다. 조상들이 돌을 다스리면서도 끝까지 돌의 성정을 나투어주었듯이, 우리도 최소한 상대방의 본성적인 기질이 꺾이지 않도록 배려하며 기를 북돋아주어야 한다. 그리하면, 우리 사회의 구성원들도 각자의 개성을 발휘하며 사회 발전과 함께 자기 발전도 꾀할 수 있을 것이다.

우리는 돌처럼 단단하다. 돌바우처럼 모진 풍파도 압력도 견뎌내고, 빙산 아래에서도, 사막 한가운데에서도 영원히 돌로 남을 수 있다는 믿는 구석이 있다.

우리 모두 돌과 같은 거친 애정을 쌓자. 그 거친 시원함을 즐기자. 그리하여 돌과 같은 역동적인 힘으로 에너지를 발산하자. 우리는 참으로 많은 사람들이 부러워하는 참 인간적인 선진국을 이룰 것이다. 농담이 아니라 진정으로, 세계를 주름잡는 강국이 될 것이다.

대한제국
황실 재산, 남은 것과 남긴 것

조송래

망국과 일제 강점을 거치며 뒤틀리고 굴곡진 한국 근현대사의 그림자를 고스란히 간직한 대한제국! '황실이 존재한다면'이란 가정을 바탕으로 한 만화와 TV 드라마 등으로 근래 들어 대한제국에 이목이 집중되고 있다. 그러나 '대한제국'에 대한 역사적인 조명보다는 '황실 사람'의 드라마틱한 삶에 대한 호기심이 높아진 정도가 아닐까. 가령, '마지막……'이라든가 '파란만장한……' '잊혀진……' '비운의……' 등과 같은 정도로 말이다.

1897년부터 1910년까지 불과 13년의 짧은 역사를 펼친 대한제국의 운명은 국운이 풍전등화와 같았던 조선 말기를 시대적 배경으로 한다. 외세로부터 국권을 크게 위협받았던 100여 년 전으로 잠시 돌아가 보자.

대한제국 황실의 탄생과 종말, 그 파란만장함

경복궁 건청궁에서 명성황후가 일본의 낭인에게 살해당하자, 생명의 위협을 느낄 정도로 불안한 생활을 하던 고종은 급기야 러시아공사관으로 몸을 피한다. 나라의 왕이 러시아공사관으로 몸을 피하자, 조선 백성들은 왕의 환궁과 자주 국가 위상 확립에 대한 소리를 높인다. 이에 힘입은 고종은 경운궁으로 환궁한 뒤, 국호를 대한제국으로 고치고, 스스로 황제로 즉위한다(1897년 10월 12일).

이렇게 탄생한 대한제국은 500년이나 이어온 조선 왕조의 국호를 바꾸고 자주 독립 국가로서 새로운 시대에 적응하고자 하는 역사 의지에 다름 아니었다. 그러나 국호를 바꾸었다고 해서, 강자에 의한 약탈이 만연한 국제 흐름과 일본의 한반도 침략 야욕까지 꺾을 수는 없었다.

러일전쟁(1904년)에서 승리한 일본은 일방적으로 을사늑약(1905년)을 발표하여 대한제국의 외교권을 빼앗고 통감부를 설치하여 내정을 간섭한다. 고종은 만국평화회의가 열리는 네덜란드 헤이그에 밀사를 파견(1907년)하여 이의 부당함을 국제 사회에 호소하려 하였으나, 일본의 방해로 실패하고 만다. 이것을 빌미로 일본은 고종을 강제로 퇴위시키고, 이어 순종을 황제로 즉위케 한다.

고종의 퇴위로 500년 조선 왕조의 정통을 이은 대한제국은 사실상 일본의 식민지로 전락한 셈이었다. 순종이 황제로 즉위한 지 불과 나흘 만에 일본은 한일신협약(정미조약)을 체결케 하여 마침내 사법권과 경찰권까지 빼앗고, 대한제국 군대를 강제로 해산하고, 이에 반발하는 전국적인 의병의 저항을 무력으로 진압한다. 급기야 1910년 8월 29일에는, 한일병합을 선포, 경술년의 국치를 당하게 된다.

이후 일제의 꼭두각시로 실권 없이 명목상으로만 존재하던 대한제국의 황실은, 이후 36년간의 일제 강점기를 거쳐, 해방, 대한민국 정부 수립 등 근·현대사가 진행되는 과정에서 거의 관심의 대상이 되지 못한 채 잊혀졌다.

대한제국의 황실과 황실 사람들에 대해 세간의 이목이 집중되면서 최근에는 황실 재산의 행방에 대한 관심과 궁금증도 생겨나고 있다. 경술국치 이후, 8·15해방, 대한민국 정부 수립 등 근·현대사가 진행되는 과정에서 황실의 재산들은 어떻게 되었을까?

황실 재산으로 남은 것은 현재 국유 재산으로 재정경제부 및 해당 관

리청에서 관리하고 있으며, 문화재청의 4개 궁과 종묘, 전국에 있는 13
개 능사무소에서 조선 왕족의 능 · 원 · 묘(조선 왕족의 무덤은 모두 119기)에
대한 관리 업무를 맡고 있다. 대한제국의 몰락 후 황실 재산이 어떻게
관리되어왔는지, 그 발자취를 간략하게나마 살펴보자.

공중 분해된 구황실 재산

본래 왕조 체제에서 왕과 왕실의 문제는 국가의 문제 그 자체였으므로,
왕실의 업무와 일반 국정의 업무가 분리되지 않았다. 조선 왕조가 두 업
무를 분리한 것은 1894년 갑오개혁 때 왕실의 업무를 관장하는 '궁내
부宮內部'와 정치를 전담하는 '의정부'로 권력 기구를 대대적으로 개편하

영친왕의 황태자비 이방자 여사(가운데, 1962년, 사진제공 : 국가기록원)

면서부터이다.

1907년 11월 궁내부는 '제실재산정리국帝室財産整理局'을 설치하여 황실 소유의 동산과 부동산을 정리하였는데, 이때 궁내부와 경선궁(엄비) 소속의 부동산을 국유화하고, 궁·능·원·묘는 국유 대상에서 제외하여 황실 세습 재산의 성격을 갖도록 하였다.

한일병합 이후 일본은 대한제국 황실을 일본 천황의 친족으로 간주하여 '이왕가李王家'로 격하시키고 황실 사람들에게 '왕'과 '공'의 작위를 주는 한편, 조선 침탈을 용이하게 하기 위해 궁내부는 '이왕직李王職'으로, 의정부는 '조선총독부'로 개편하였다.

전국에 산재한 태실을 모아 집장한 서삼릉 태실

일본은 1912년 토지 수탈의 방편으로 '토지조사령'을 공포하여, 조선 왕실의 재산도 등기하도록 하였는데, 이때 토지·건물·산림·시설물·주식 등 왕실 재산 규모를 확정하였다. 왕실 재산을 관리하던 이왕직은 경기도 일원의 원·묘와 전국에 산재한 태실을 집중 관리한다는 명목으로 서삼릉에 집장하고 그 부지를 처분하기도 했다.

해방 후 정부는 이왕직의 명칭을 '구왕궁'으로 바꾸어 이왕직이 관리하던 재산을 인수 관리하였다가, 1954년 '구황실재산법'을 제정하면서 대통령 직속으로 '구황실재산사무총국'을 두고, 황실 재산의 관리 업무를 이어받게 하였다. 이때 이왕직이 관리하던 일체의 구황실 재산이 국유로 편입되었다.

그러던 중, 1960년 6월 구황실재산사무총국에 화재가 발생하여 구황실 재산 관리 및 처분 관련 문서들이 불타버리는 일이 생겼다. 같은 해 9월 구황실 재산의 목록을 재작성하였는데, 그 목록은 대략 다음과 같다.

〈1960년 9월 재작성된 구황실 재산 목록〉

· 토지 : 872필 / 106만 1108평
· 임야 : 823필 / 1억 135만 2110평
· 건물 : 746동 / 2만 2962평
　계　 : 1억 243만 6180평

특별회계로 남은 재산

1961년에는 구황실재산사무총국이 '문화재관리국'으로 개편되고, 1962
년 '문화재보호법', 1963년 '문화재관리특별회계법'이 차례로 공포되면
서 구황실재산법은 폐지되었으며, 문화재관리특별회계법에 의하여 문
화재관리국이 구황실 재산을 문화재관리특별회계 소속의 국유 재산으
로 관리, 운영하게 되었다.

국유 재산이 된 구황실 재산은 '국유재산법'에 의거, '행정재산'(국가
가 사무용, 사업용 등으로 사용하거나 직접 공공용으로 사용하는 공용 재산 및 공공용
재산), '보존재산'(법령의 규정에 의하거나 기타 국가가 보존하는 재산), '잡종재
산'(행정·보존 재산 이외의 재산)으로 분류되었으며, 문화재보호법에 의하여
문화재로 지정, 보존된 궁·능·원·묘 등은 보존재산으로 구분되고, 잡
종재산은 보존재산을 포함한 일체의 문화재 보존관리 재원 조달을 위하
여 매각 처분되었다.

잡종재산의 처분은 공개 경쟁 입찰 방법에 의함을 원칙으로 하되 지
방자치단체, 공익 법인 및 개인에 의하여 점용된 재산은 재산처분심의
위원회의 심의를 거쳐 수의 계약하였으며, 처분된 재산 대금 중 일부는
문화재 보존관리 재원으로 확보, 적립토록 한 문화재관리특별회계법의
규정에 따라 적립, 1967년까지 7억 원을 적립하였다.

1963년 구황실 재산을 문화재관리특별회계 소속으로 운영한 것은
잡종재산 처분 대금과 적립한 7억 원의 이자가 문화재 관리의 항구적
재원이 될 것이라는 예상 때문이었다. 그러나 이후 경제 성장으로 문화

재 보존관리 비용은 상승하고 새로이 지정되는 문화재는 날로 증가했다. 반면, 한정된 잡종재산은 매각 처분으로 인해 보유 수량이 감소하고 잔여 잡종재산은 경제적 활용성이 없어 재산 매각이 중단되었다. 게다가 적립금 7억 원의 이자율은 물가 상승률에 크게 못 미쳐 문화재 보존관리 비용을 감당하지 못하여 일반회계로부터 예산 전용을 했지만,

《동아일보》에 실린 구황실재산사무총국 청사 화재 사건 기사(1960년 6월 7일자)

1980년대 중반에 이르러서는 특별회계의 세입으로 특별회계경상관리비조차 감당하지 못하는 상황에 이르렀다. 이에 그 세입으로 그 세출에 충당해야 하는 특별회계의 성격상 문화재관리특별회계는 설치 26년 만인 1989년에 폐지되었고, 특별회계 소속 재산은 일반회계에 이관되어 행정·보존 재산은 문화재청이, 잡종재산은 국유 재산 총괄청인 재정경제부에서 관리하게 된 것이다.

다음은 특별회계로 관리되었던 구황실 재산 내역과 잡종재산 처분 대금 및 사용 현황이다.

대한제국의 마지막 황족들이 해방 이후 기거했던 창덕궁 낙선재

〈특별회계 재산 관리 내역〉

총 관리 재산   : 약 1억 200만 평

처분   : 약   5700만 평

산림청 인계   : 약   3500만 평

행정·보존 재산 : 약   800만 평

잡종재산   : 약   200만 평

〈잡종재산 처분 대금 및 사용 현황〉(1963~1989 회계 연도)

· 국가지정 및 시·도 지정문화재, 민속자료(경복궁 근정전, 창덕궁 인정전,

  남대문, 동대문 보수 등) : 4109건, 987억 1023만 원(토지매입비 포함)

· 비지정문화재(강화역사관, 신흥사 법당, 우암선생유허비, 천안향교 등) :

  1152건, 129억 3850만 5000원

· 사적지 매입(여주 영릉·녕릉, 동구릉주차장, 정릉매표소, 행주산성 등) :

  44필(2만 1763평), 2563만 3000원

· 계 : 5305건, 1116억 7436만 8000원(경제개발특별회계 전입금 포함)

    한일병합 후 제대로 된 목록조차 남아 있지 않은 황실 재산의 행방
을 살펴보면, 공중 분해된 채 몰락한 황실의 위상과 퍽 닮아 있음을 발
견한다. '황실이 존재한다면' 또는 '황실이 다시 살아난다면' 하는 식
의 드라마틱한 상상과는 별개로, 구황실 재산의 행방을 추적하여 살피
는 일은, 그 과정 자체가 역사 바로 세우기의 일환이 아닐까 조심스레
생각해본다.

창덕궁에
호랑이가 나타났다 / 유홍준

2005년 11월 26일(음력 10월 25일)은 창덕궁 창건 600주년이 되는 날이었습니다. 때를 맞추어 창덕궁관리소에서는《창덕궁 육백년》이라는 아주 아름다운 책을 간행하였습니다. 책의 디자인도 좋고, 사진 자료도 풍부하여 창덕궁의 600년 역사를 한눈에 볼 수 있을 정도입니다. 특히 조선왕조실록에 나오는 창덕궁에 관한 기사를 항목별로 간결하게 요약해놓고, 어려운 사항은 바로 옆에 주석을 달아놓아 누구든 쉽게 읽을 수 있도록 해놓았습니다. 사실 궁중의 여러 사항들 중에는 별도의 설명 없이는 정확하게 그 의미를 알 수 없는 것이 많습니다. 이를 테면 하정례賀正禮, 은구隱溝, 표전表箋, 나희, 빈전殯殿, 중삭연仲朔宴 등등 사전에도 잘 나오지 않는 궁중 용어들을 알기 쉽게 풀이해놓았습니다. 보시면 실망하지 않으실 것입니다.(이 책은 창덕궁, 국립고궁박물관, 교보문고, 영풍문고에서 구입할 수 있습니다. 정가 1만 5000원)

제가 이 이야기를 꺼낸 것은 책을 판매하기 위해 선전하려는 것이 절대로 아닙니다. 저는 이와 같은 이유로 책을 단숨에 읽었고 말 없는 창덕궁에서 인간의 체취가 느껴진 것이 너무도 재미있고 유익했다는 정보를 드리는 것입니다. 그 중에서도 나를 가장 기쁘고 놀랍고 흥미롭게 한 것은 호랑이 이야기였습니다.

이 책에는 조선왕조실록에 나오는 창덕궁 관련 기사를 연대순으로 편집해놓았는데, 세조 11년(1465) 9월 14일 조에는 이런 기사가 나옵니다.

창덕궁 후원에 범이 들어왔다는 말을 듣고 드디어 북악北岳에 가서 표범

《창덕궁 육백년》

을 잡고 돌아오다.

창덕궁 후원에 호랑이가 나타났다는 것입니다. 아니 그 정도가 아니라 북악산에 가서 잡아왔다는 것이 아닌가! 그렇다면 내 어릴 때 듣던 인왕산 호랑이 얘기도 헛소리가 아니라는 말이 됩니다. 서울 토박이인 내가 어렸을 때 들은 서울 전래 민요에는 이런 것이 있었습니다.

인왕산 호랑이 으르르르
남산의 꾀꼬리 꾀꼴꾀꼴

그런 인왕산 호랑이가 전설이 아니라 사실이었다는 역사 기록을 여기서 확인한 것입니다. 나는 호기심을 넘어 진지한 자세로 또 다른 호랑이 기사가 있는가 찾아보았습니다. 역시 있었습니다. 창덕궁 600년 역사에는 호랑이 기사가 두 번 더 나옵니다.

ⓒ 서현강

창덕궁 후원 숲 속

창덕궁의 소나무 숲에서 호랑이가 사람을 물었다. 좌우 포도장에게 수색
해 잡도록 명하였다.

－《선조실록》, 선조 36년(1603) 2월 13일

창덕궁 안에서 어미 호랑이가 새끼를 쳤는데 한두 마리가 아니니 이를 꼭
잡으라는 명을 내리다.

－《선조실록》, 선조 40년(1607) 7월 18일

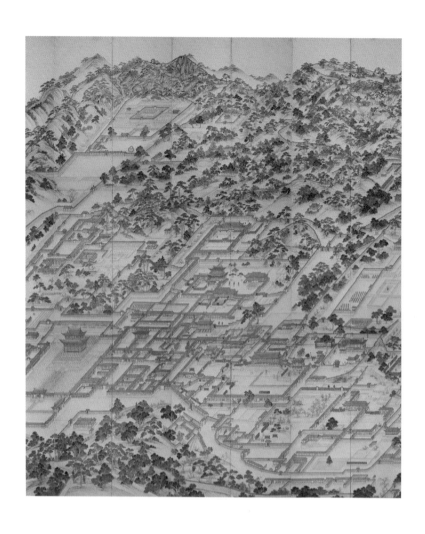

〈동궐도〉에 보이는 창덕궁 후원의 우거진 숲

창덕궁에 호랑이가 나타났다는 사실은 서울의 자연 환경이 얼마나 좋았는가를 물증으로 제시하는 것이 아닌가요? 조상으로부터 물려받은 그런 자연을 오늘날 우리는 이렇게 만들어놓고 살고 있는 것입니다.

조선왕조실록의 창덕궁 호랑이 기사를 보고 난 뒤, 나는 고궁을 안내할 때면 꼭 이 이야기를 빠트리지 않고 설명하곤 합니다. 그러면 모두들 다른 얘기보다 창덕궁의 호랑이 이야기를 아주 재미있게 듣습니다. 그래서 요즘은 더 신명나게 이 얘기를 한답니다. 그러던 어느 날 정부혁신회의장에서 환경부 박선숙 차관을 만났을 때 신나게 이 이야기를 해주었지요. 환경부 차관이야말로 좋아할 얘기가 아닌가요? 박선숙 차관 역시 놀라움과 반가움에 겨워하며 내 얘기를 다 듣고는 웃으면서 농담으로 하는 말이 아주 걸작이었답니다.

"에구머니, 서울은 사람 살 곳이 못 됐군요. 호랑이가 사람이나 물어가고……."

이야기한 김에 덧붙이자면, 옛날에는 호환虎患이라고 해서 호랑이가 사람을 물어가는 것이 중요한 사건이었습니다. 그래서 서울에서 호환이 일어난 마지막 기록이 언제인가를 검색해보았습니다. 마침 작년 12월 22일부터는 조선왕조실록을 인터넷에서 무료로 검색할 수 있게 되어 쉽게 확인할 수 있었습니다. 그것은 1883년이었습니다. 《고종실록》의 고종 20년 1월 2일자에 다음과 같은 기록이 나옵니다.

금위영禁衛營, 어영청御營廳에서 아뢰기를, "삼청동 북창北倉 근처에 호환이 있다고 하여 포수를 풀어서 잡아내게 하였습니다. 오늘 유시酉時(오후 5~7시)

민화에 나타난 호랑이

경에 인왕산 밑에서 작은 표범 한 마리를 잡았습니다. 그래서 이것을 봉하여 바칩니다. 범을 잡은 장수와 군사들에게 해당 각 영營에서 전례를 상고하여 상을 주고 이어 사냥을 하도록 하겠습니다"라고 하였다.

그러니까 약 120년 전만 해도 서울 인왕산에 호랑이가 나타난 것입니다. 생각해보면 그리 멀지 않은 시절 이야기이지 않습니까?

작년에는 호랑이 대신 멧돼지가 창덕궁과 창경궁에 나타난 것이 화제로 된 적이 있습니다. 그것만으로도 고궁 주변의 자연 환경이 좋아졌다는 증거라고 좋아들 했다지요. 훗날 '창덕궁 700년'이라는 책을 만들게 되면 혹 이런 기사가 쓰일지도 모르겠습니다.

창덕궁에 멧돼지가 나타나 포획하였다. 이를 두고 사람들은 자연이 살아난 것이라며 신기해하면서 좋아했다.

– 2005년 10월 24일

어느 70대
궁능 관람 지도위원의 꿈   /유홍준

요즘 문화재청의 화제는 단연코 신규 채용된 70대 궁능 지도위원들입니다. 2006년 1월 문화재청에서 궁능 관람 질서 지도위원을 '70대 고령자로 1일 1만보 이상 걸을 수 있는 체력을 가진 분'으로 제한하여 공모할 때부터 언론의 주목을 받더니, 2006년 2월 20일 다섯 분의 첫 출근 때도 일종의 미담 기사로 언론에 크게 보도되었습니다. 한 정부 기관에서 행한 아주 작은 일이 이처럼 세상의 주목을 받는 일은 아주 드물 것 같습니다.

노년은 구체적인 일거리를 원한다

사실 문화재청에서는 매우 조심스럽게 시도한 일입니다. 어른에 대한 공경이 거의 불문헌법 같은 한국적인 정서로는 궁능의 관람 질서를 지도하는 데 어른이 적임이라는 생각을 갖고 있었습니다. 그러나 공무원의 정년이 60세이다 보니 고령자 직원이 있을 수 없고, 또 하루 보행 거리가 거의 2만 보나 되는 일에 고령자를 배치한다는 것도 무척 부담스러웠습니다.

그래서 문화재청에서는 2005년 11월 일단 경복궁에 시험적으로 '건강에서는 절대로 젊은이에 뒤지지 않는' 헬스클럽 강사인 방동규 씨를 특채하여 배치하였습니다. 그런데 방동규 지도위원 채용부터 언론은 고령자의 궁능 배치를 아주 좋은 정책으로 평가하였고, 또 방 위원의 타고난 친화력이 경복궁 내에서도 화제가 되어 결국 궁능마다 70대 고령자를 배치하게 된 것입니다.

인터넷 문화재청 홈페이지에 채용 공고가 나가자 순식간에 수백 명이 접속하였고 문화재청 궁능관리과로 직접 찾아와 서류를 받아가는 분도 많았습니다. 청으로서는 무언가 특단의 대책이 있지 않으면 안 되겠다 싶어 채용 인원을 10명으로 늘리고, 심사는 문화재위원회에서 70세 이상 되는 분에게 의뢰하였습니다. 그렇게 해서 2월 20일자에 다섯 분, 7월 1일자로 다섯 분의 지도위원을 모시게 된 것입니다.

우리는 결코 노인 일거리 창출을 위해 이분들을 모집한 것이 아니었습니다. 그런데 결과적으로 큰 사회적 이슈가 된 노인 일거리 창출에 좋은 선례가 되었다는 평을 받았으니, 이를 계기로 남의 일로만 느껴지던 고령화 사회에 대해 깊이 생각해보는 계기가 되었습니다.

이미 사회적 성취를 어느 정도 이루신 분들이 왜 하찮다면 하찮은 이

경복궁을 안내하는 방동규 위원

자리를 그렇게 원했을까? 이분들 중에 생계를 위해 들어온 분은 한 분도 없습니다. 또 이미 자원 봉사로 똑같은 일을 하는 분이 왜 이 자리를 원하였을까?

그것은 자신의 사회적 존재 가치에 대한 확인 같은 것입니다. 나 같은 노인네도 세상을 위해 무언가를 할 수 있고, 또 세상은 아직도 나 같은 인생을 필요로 한다는 사실에 대한 기쁨이 여기에 있었다는 것입니다.

새로 채용된 궁능 지도위원들은 한결같이 이렇게 말하고 있습니다. 자신들이 돌보아지는 복지의 대상이 된 것이 서럽고 오히려 부담스럽게 생각되는 면이 있었다는 것입니다. 젊은이들 보기가 공연히 미안스럽기만 한 처지에 있는 것이 스스로 안쓰러웠다고도 했습니다.

그런데 문화재청의 궁능 지도위원은 비록 계약직으로 월급이라고 해

궁능 관람 지도위원들과 문화재를 둘러보는 유홍준 청장

야 월 100만 원도 안 되는 정부의 최말직이지만, 하나의 당당한 보직이었기에 고맙고 반가웠던 것이라고 합니다. 그러니까 우리의 노인층들이 원하는 것은 노인 복지라는 지원보다는 구체적인 일거리에 있었던 것입니다.

살기 바빠 그리하였던 것, 용서해주오

이번에 궁능 지도위원으로 채용된 분들과 두어 차례 만나 얘기를 나누던 가운데 나는 아름다운, 그러나 쓸쓸한 이야기 하나를 들었습니다. 지금 근무하고 계신 분의 실화입니다. 이분의 성함을 밝힐 필요는 없겠지요. 이분은 월급을 착실히 모아서 궁능 지도위원을 마치고 나면 아내에게 평생에 못 해준 밍크코트를 사 줄 계획이라 하였습니다.

이분 계산에 의하면 경로증이 있으니 교통비는 들 것이 없고, 점심은 구내식당에서 먹으면 되니까 어쩌다 외식을 한다 해도 크게 들 것이 없으며, 취직했다고 친구들에게 술 한 잔 낸다 해도 큰돈이 들지는 않을 것이니, 한 달 월급 100만 원에서 못 해도 50만 원씩은 저금할 수 있을 것 같답니다. 그러면 6개월 후에는 300만 원이 저축될 것이니 그것은 절대로 다른 데 쓰지 않고 평생 빈처貧妻로 같이 살아준 아내를 위해 여자라면 하나 갖고 싶다는 밍크코트를 사 줄 것이라 하였습니다.

그래서 제가 웃으면서 이렇게 물었습니다.

"잘 나가던 시절에 마음먹었으면 얼마든지 해드릴 수 있었을 텐데 왜 그때는 안 해드리고 이제 와서 쥐꼬리 같은 월급으로 해드리려고 하십

한글날 행사를 진행하는 고태잠 위원
궁능 관람 지도위원들과 유홍준 청장이 함께한 간담회

니까?"

그러자 이분은 이렇게 대답했습니다.

"그때는 살기 바빠 그런 생각은 터럭만큼도 해본 적이 없었어요. 인생을 살 만큼 살고 이제 와서 뒤돌아보니 그것이 좀 미안하다는 생각을 하게 된 것이지요. 그렇다고 애들이 벌어다 용돈으로 준 것을 모아서 해주면 그게 내가 해준 것이 되나요. 애들이 해준 셈이지. 그렇지만 이번에 받는 월급으로 해주면 확실히 내가 해준 것이 되지."

이야기를 듣는 순간 함께한 사람들이 모두 박수를 치며 웃음으로 받아들였습니다. 그리고 그 웃음은 약속이나 했다는 듯이 잠시 침묵으로 이어졌습니다. 그 얘기 속에 서려 있는 인생의 그늘이 떠올랐기 때문입니다. 갑자기 분위기가 썰렁해지는 것 같아 분위기를 되살리려고 내가 되물었습니다.

"그나저나 300만 원이면 밍크코트 한 벌 살 수 있기는 합니까?"

그러자 이분은 예상했던 질문이 나왔다는 듯 즉각 대답했습니다.

"물론 밍크코트 값은 더하지. 그런데 내가 퇴직하게 될 8월 한여름에는 창고에 들어 있는 겨울옷 바겐세일 기간이 있거든요. 그때는 살 수 있지."

아! 이것이 아름다운 이야기인가, 쓸쓸한 이야기인가! 사실 60, 70대의 인생은 무작정 앞만 보고 살아온 고난의 세대입니다. 이들의 젊은 시절에는 노년의 대비라는 말은 있지도 않았고, 설령 있었다 해도 그런 말이야말로 사치로 여겨지던 시절이었습니다. 노년의 대비는 고사하고, 내 몸뚱이 축나는 줄도 모르고 식구들을 위해, 회사를 위해 야근을 잠자듯 했던 일벌레들이 그분들의 인생이었습니다. 그분 말씀대로 밍크코트 같은 생각을 할 여유는 있을 수 없었습니다.

그날 집에 돌아오면서 나야말로 더 늙기 전에 아내에게 밍크코트 하나 해주어야겠다는 마음이 들었습니다. 그래서 그날 집에 들어가자마자 집사람에게 "당신 밍크코트 하나 해줄까?" 하고 물었죠. 그런데 나의 깊은 뜻을 알 턱이 없는 아내의 대답은 아주 생뚱맞은 것이었습니다.

"밍크코트? 해주려면 겨울에 해줄 것이지 이제 봄이 다 돼 입던 것도 집어넣을 판에 무슨 밍크코트야요, 애고, 해주기 싫으면 말이나 말지."

그래서 내가 갑자기 밍크코트 얘기를 꺼내게 된 사연을 아내에게 들려주니, 집사람 역시 이야기를 듣고 나서는 잠시 무언가를 생각하는 듯 아무 말 없이 있다가는 이렇게 속엣말하며 자리에서 일어나더군요.

"무슨 오 헨리 단편소설에 나오는 장면 같구먼."

'삼청사'의 문화재청 _{유홍준}

문화재청장이 된 지 얼마 안 되었을 때의 일이다. 청장으로서 내게 봉착한 뜻밖의 힘든 일은 의례적인 점심 식사였다. 비서관의 청장 일정 관리가 그렇게 중요한 일인지 몰랐다. 청장은 밥 먹는 것도 큰일 중 하나였다. 뭔 놈의 점심 스케줄이 항시 그렇게 꽉 짜여 있고 밥 먹으러 가면서 자동차로 가야 하는지.

그러던 어느 날 아무런 약속이 없어 편하게 점심을 할 기회가 생겼다. 나는 그제야 처음으로 느긋이 청사 앞에 있는 식당가를 거닐다 된장찌개 하는 집을 찾아갔다. 그리고 청사로 돌아오는데 한 식당의 상호가 '삼청사 복집'이라고 쓰여 있었다. 복집은 알겠는데 삼청사는 무슨 뜻인가? 직원에게 물어보니 대전에 있는 정부청사를 정부 제3청사라고 부른다는 것이다. 제1청사는 서울. 제2청사는 과천. 제3청사는 대전. 삼청사에 근무하면서 삼청사라는 호칭을 모르고 있었던 셈이다.

일반 국민도 대전에 정부청사가 있는 것은 알아도 삼청사라는 호칭은 잘 모를 것 같고, 삼청사에 어느 부서가 있는지 잘 모를 것 같다. 나도 문화재청장이 되고 나서야 알았으니까.

삼청사에는 관세청, 병무청, 특허청, 중소기업청, 산림청, 통계청, 조달청, 문화재청 등 8개 청이 있다. 원래는 철도청이 있었는데 2005년에 철도공사로 전환됐다. 그래서 청이란 청은 대전에 다 모여 있는 줄 아는 사람도 있다. 그러나 정부 조직에는 삼청사의 8개 청 이외에도 대검찰청, 경찰청, 해양경찰청, 국세청, 식품의약안전청, 농촌진흥청, 소방방재청, 기상청 등 8개 청이 더 있다.

인간은 본능적으로 사회성이 강한 동물이어서 계기만 있으면 동질성을 찾는 버릇이 있다. 장관들은 장관들끼리 동질감을 갖고 있듯이 청장들은 청장들끼리 친숙감을 갖는다. 그래서 해양경찰청, 기상청, 통계청이 차관청으로 승격됐을 때는 이를 축하하는 청장들의 모임도 있었다. 더욱이 삼청사의 청장들은 같은 건물에 근무하기 때문에 그 친화감이 더하다. 그래서 삼청사의 청장들은 한 달에 한 번, 매달 세 번째 화요일에 모이는 삼화회三火會(또는 三和會)라는 모임이 있다.

삼청사의 삼화회 청장들이 때로는 정보를 나누고, 상의도 하고, 자랑도 하고, 신세 한탄도 하는데, 한번은 청마다 업무가 과중함을 토로하는 과정에서 어느 청의 관할 영역이 가장 넓은가에 대해 서로가 피곤한 듯 자랑하는 듯 말하고 나섰다.

먼저 산림청장이 "우리는 관할 면적이 200억 평입니다"라고 하여 모

삼청사 앞 상가

270

문화재청이 있는 대전정부청사

두들 놀랐다. 참고로 남한 전체는 300억 평, 서울은 2억 평, 제주도는 6억 평이다. 그러자 경찰청장, 소방방재청장은 국토 전체 300억 평 전체기 관할지라고 했다. 이에 질세라 해양경찰청장은 바다 면적은 육지의 4배이므로 1200억 평이라고 했다. 이렇게 억 단위로 관할 영역을 말하는데 문화재청은 별 것 있겠냐는 분위기가 조성됐다. 이에 나는 지지 않고 이렇게 말했다

"문화재청이 직접 관리하는 면적은 5대 왕궁과 13개 왕릉지구를 포함하여 약 1억 평됩니다. 이 외에 문화재보호지역이 3억 5000만 평입니다. 그리고 전국의 땅 속에 묻혀 있는 매장문화재의 발굴 조사를 관

리하니 그것이 300억 평이고, 바다에 침몰해 있는 고대 선박이 지금까지 약 200척 있으니 바다 면적 1200억 평도 제 관할에 있습니다. 게다가 독도, 홍도, 마라도 등 천연보호구역과 설악산, 한라산 등 명승지도 제 관할이고. 독수리, 오골계, 진돗개, 정이품소나무, 마을숲 등도 제가 관할하고 있으며, 여기에 인간문화재라고 불리는 중요무형문화재도 제 소관입니다."

이렇게 장광설을 늘어놓자 모두들 문화재청의 관리 영역이 그렇게 넓은 줄 몰랐다며 "인정한다 인정해"라며 나의 주장에 억지로 동의하

고성의 공룡발자국 화석지와 불국사 석가탑

지정문화재가 23점이나 있는 경주 양동마을

여주었다. 정부 46개 부·처·청 중에서 문화재청의 범위가 가장 넓다고 하며 웃음꽃을 피웠다.

그러나 '인생도처에 상수가 있다(人生到處有上手)'고 기상청장이 이론을 제기하고 나왔다. 기상청장은 "관할 영역으로 말하자면 저희들은 평수로 계산이 되지 않습니다"라고 하여 모두들 한바탕 웃고 말았다. 그리하여 문화재청은 기상청 다음으로 넓은 면적을 관리한다고 주장할 수밖에 없게 되었다.

문화재청이 무얼 하는 곳인지, 어디에 있는지 모르는 분들이 하도 많아서 나는 이 이야기를 곧잘 해오고 있다. 그러면 왜 청들이 대전의 삼청사에 몰려 있는가. 혹자는 부가 아니라 청이니까 삼청사에 있는 것 아니냐는 식으로 묘하게 돌려서 말하곤 한다.

그러나 청이 부가 아니어서 삼청사에 있는 것만은 아니다. 청이라는 곳이 정부 부처 중에서 낮은 지위에 있는 소외 지대일 수도 없고, 국정의 변두리일 수도 없다. 청들이 삼청사에 모여 있는 것은 모두가 구체적인 현업과 현장을 갖고 있기 때문에 국토의 중심에 위치한 대전에 있을 뿐이라고 설명한다. 즉, 부는 정책 기능이 주이지만, 청은 현장 활동과 전국적인 민원 사항을 갖고 있는 것이다. 그렇게 이해하고 말할 수 있을 때 문화재청장으로서 삼청사에 근무하고 있는 것의 타당성과 자존심이 살아난다.

이렇게 말하면 모두들 문화재청의 업무 범위도 알게 되고. 대전에 있는 사정도 억지로라도 이해해주곤 한다. 그러면서도 의문을 제기하기를 문화재청에 무슨 민원 사항이 그렇게 많으냐고 한다. 실제로 문화재청은 갈등 관리 민원이 상당히 많다. 문화재보호구역과 사적지 주변의 현상 변경 그리고 토지 이용에서 문화재 발굴로 인한 개발과 보존의 대립이 시시각각 일어난다. 지금 현재 걸려 있는 민원 문제도 많지만, "문화재청은 자성하라" "문화재청장 물러가라"라는 플래카드가 떨어질 날이 없다. 그런 사정도 모르고 문화재청에 무슨 민원이 그렇게 많으냐고 의문을 제기해올 때면 나는 이렇게 대답한다.

"문화재청에 민원 사항이 뭐 그리 많겠냐고요? 모르시는 말씀, 영조 40년(1764)에 생긴 민원을 아직껏 해결하지 못한 것도 있답니다."

그게 뭐냐고요? 그것은 아주 길고 긴 이야기이기 때문에 다음에 해드리겠습니다.

수백 년 묵은 민원

"윤관과 심지원의 묘에 사제를 명하다"

《영조실록》40년(1764) 6월 14일 기사에는 '고려시중 윤관과 고 상신相臣 심지원의 묘에 사제賜祭를 명하다'라는 기록이 나온다. 이는 경기도 파주시에 있는 윤관 장군 묘(사적 제323호)와 심지원 분묘 및 신도비(경기기념물 제137호)에 관한 내용이다. 광해군 6년(1614) 청송 심씨 심지원이 부친의 묘소를 쓴 곳은 오래되어 실전失傳했기는 하나 윤관 장군의 묘역이었다. 결과적으로 윤관 장군의 묘역 바로 위(3미터 정도)를 누르듯이 심씨의 묘역이 조성됨에 따라 두 가문의 쟁송이 끊이지 않자 영조가 두 가문이 각기 그 묘를 수호하여 침범하지 말라고 명하였던 것이다. 하지만 이듬해 같은 일로 다툼이 있어 왕이 친문하고 형을 가하였으며, 형을 받은 윤희복이 귀양 가는 도중 죽은 일이 있었다.

선대의 묘소를 바르게 모시려는 두 문중의 해묵은 민원은 오늘날까지도 이어져 1967년에는 두 분묘 사이에 곡장을 쌓고 협력하기로 하였으나, 1991년 곡장을 높여 심지원 분묘의 앞으로 가린 일을 계기로 다시 진정과 탄원이 거듭되며 지금에 이르고 있다.

2005년 7월 두 문중은 드디어 합의에 이르러 윤씨 문중이 소유한 토지 가운데 심씨 문중이 소유한 임야에 인접한 토지를 무상증여하고, 심씨 문중 쪽이 소유 토지에 선대 묘소 13기 전부를 이장하기로 하였다. 그리하여 문화재의 원형보존과 관련하여 경기도와 문화재청의 문화재위원회의 심의를 거친 뒤 가까운 시일 내 완전히 해결될 것으로 보인다.

찾아보기